MARCELO BARATELLA

GPS
DAS VENDAS

O MAPA DEFINITIVO PARA ALAVANCAR SUAS METAS

Copyright© 2022 by Literare Books International
Todos os direitos desta edição são reservados à Literare Books International.

Presidente:
Mauricio Sita

Vice-presidente:
Alessandra Ksenhuck

Capa, diagramação e projeto gráfico:
Gabriel Uchima

Revisão:
Ivani Rezende

Diretora de projetos:
Gleide Santos

Diretora executiva:
Julyana Rosa

Relacionamento com o cliente:
Claudia Pires

Impressão:
Gráfica Paym

Dados Internacionais de Catalogação na Publicação (CIP)
(eDOC BRASIL, Belo Horizonte/MG)

B226g Baratella, Marcelo.
  GPS das vendas / Marcelo Baratella. – 2.ed. – São Paulo, SP: Literare Books International, 2022.
  14 x 21 cm

  ISBN 978-65-5922-263-6

  1. Literatura de não-ficção. 2. Empreendedorismo. 3. Vendas. I. Título.

  CDD 658.4

Elaborado por Maurício Amormino Júnior – CRB6/2422

Literare Books International.
Rua Antônio Augusto Covello, 472 – Vila Mariana – São Paulo, SP.
CEP 01550-060
Fone: +55 (0**11) 2659-0968
site: www.literarebooks.com.br
e-mail: literare@literarebooks.com.br

MARCELO BARATELLA

GPS

DAS VENDAS

O MAPA DEFINITIVO PARA ALAVANCAR SUAS METAS

AGRADECIMENTOS

Aos meus queridos e amados clientes (que, carinhosamente, chamo de "aceleradores"), com os quais aprendi, ainda aprendo e continuarei a aprender todos os dias, como me tornar um melhor vendedor e um líder servidor.

Aos milhares de seguidores de nossas redes sociais como o YouTube, Facebook, Instagram, Twitter, LinkedIn e Spotify. Não importa onde vocês estejam, apenas quero agradecer a energia que me passam todos os dias compartilhando, comentando, elogiando, perguntando, criticando e, principalmente, alimentando ainda mais o meu propósito de ajudar pessoas e empresas a transformarem os resultados de suas vendas e de suas vidas.

A todos os líderes de vendas, donos de empresas, empreendedores, representantes comerciais, profissionais liberais, amigos vendedores que, como eu, são apaixonados por essa ciência memorável e antinatural que é o mundo das vendas.

Aos meus amigos Janguiê Diniz e Marc Tawil, que engrandeceram esta obra por meio dos prefácios que são verdadeiras declarações de amor ao nosso trabalho e a nossa pessoa.

Aos meus amados clientes Marcelo Lopes, Diretor de Vendas da John Deere no Brasil, Fernando Manzeppi, Head AgroSolutions Sumitomo Chemical Region Brazil e Tales Vilar – Vice-presidente Global no Cartão de TODOS pelos sinceros depoimentos.

Aos meus grandes professores e colegas da UNESP Jaboticabal, da FUNDACE USP e da FIA USP e da Universidade da Califórnia, nas quais tenho um orgulho absurdo em ter estudado. Enfim, a base de sustentação da vida de um homem do bem é pautada em ter uma família sólida, bons professores e Deus no coração.

Ao meu amigo e mestre Maurício Sita, que acreditou no poder transformador desta obra e que, com seu apoio editorial, está fazendo parte da realização deste sonho e de ajudar muita gente a prosperar com este nobre conteúdo.

A minha família, quero deixar um agradecimento muito especial. A minha esposa Juliana, que me acompanha há mais de 20 anos e que é minha fiel escudeira nos bons e nos maus momentos, *TI AMO, AMORE*. As minhas duas pedras preciosas, meus filhos Vittorio e o caçula Filippo; sem vocês, o papai não teria forças o suficiente para passar madrugadas acordado para desenhar, estruturar e modelar conteúdos intermináveis para meus amados clientes e seguidores. Vocês são minha fonte de inspiração.

Um agradecimento carinhoso a minha cunhada Mariela, a minha sogra Tereco e ao meu sogro Dr. José Eduardo Terreri. Vocês são minha segunda família. Obrigado pelo suporte e por me acolherem como filho em suas vidas.

Do lado da minha família paterna, quero deixar um abraço aos meus cunhados Tcheuzão e IG pelos momentos agradáveis que passamos sempre juntos e por terem me dado três sobrinhos perfeitos. As minhas irmãs de sangue e de alma Déia e Tatá, as quais sempre me ajudaram a dar o suporte que faltava no apoio familiar nos momentos difíceis e nas muitas celebrações de vida. Vocês são sensacionais. A minha amada mãe Vera Lúcia que, mesmo externando sua fragilidade muitas vezes, é a mãe dos sonhos de qualquer pessoa, preocupada, amorosa e carinhosa. Mãe, te amo demais!

Falar do meu pai é sacanagem, Carlos Guido Baratella, ou papai Carlinhos, foi um dos maiores presentes que Deus me deu. Meu herói, meu amigo, um dos caras mais honestos e humildes que já conheci na vida. Ele é o cara que me ensinou a ser menino do bem, a jogar bola, a ser moleque levado, a ser São Paulino doente e depois me ensinou a ser um homem decente, trabalhador incansável, um marido fiel e um servidor de pessoas. Você é o protagonista desta obra, meu pai! Você que me deu a honra de conhecer o mundo das vendas e me inspirou em quem eu sou hoje. Obrigado por tudo! Te amo!

Deixei, por fim, para agradecer a DEUS, pois sem Ele não somos nada. Por ti, Senhor, que me entrego, por ti vivo minha vida, por ti agradeço por ter me dado dois braços, duas pernas e um cérebro para pensar, uma família perfeita e por me ensinar a diferença entre o bem e o mal todos os dias da minha vida. Glória a ti, Senhor, Amém!

INTRODUÇÃO

Bem-vendas!
Bem-vindo ao meu mundo!
Bem-vindo ao livro o GPS das vendas!

Assim como o aplicativo Waze nos direciona de um lugar a outro pelo melhor caminho, o GPS das Vendas vai levar você não apenas aonde precisa chegar, mas da forma que espera que isso aconteça. No Waze, podemos decidir se queremos o caminho mais curto ou mais seguro, com pedágio ou sem pedágio, por dentro ou por fora da cidade, e daí por diante. O GPS das Vendas, assim como o Waze, também permite saber em quanto tempo e como chegará ao objetivo das suas vendas e, por consequência, da sua vida. Não é incrível?

Esse GPS leva em consideração cada detalhe do que você precisa e as diferentes formas para alcançar o seu destino.

Bem-vindo ao método exclusivo para vender mais, melhor, mais rápido e gastando menos recursos de energia, tempo e dinheiro no seu ambiente de trabalho e na sua vida pessoal, não apenas como vendedor, mas como ser humano. Esse método é um dos mais simples e práticos que existem e vai facilitar o aprendizado na sua vida, além do principal: o seu resultado do aumento imediato de vendas e dos ganhos financeiros.

A minha forma de trabalhar não considera apenas números, estatísticas e valores, mas também a maneira como você se relaciona com tudo isso. Enfim, um método de vendas com início, meio e final feliz.

Costumo dizer que minha missão é transformar vidas de CPFs e resultados de CNPJs por meio das vendas, pois vidas e vendas são uma conexão só.

Somos humanos, seres pensantes e trabalhamos com a razão e a emoção o tempo todo: as nossas e as de nossos clientes. Por isso, este livro não trata apenas de fórmulas e mais fórmulas de vendas, a começar pelo formato inigualável em que esse aprendizado será apresentado para você: por meio de um *storytelling*, ou melhor dizendo, um *storyselling*, pois a melhor forma de ensinar e ser lembrado é contando histórias que possam tocar na razão, o propósito maior de ver e encarar a vida, e na emoção, sentimento que movimenta as pessoas.

De nada valeria um livro cheio de informações importantes se você não pudesse memorizar cada uma delas. Esse é um dos meus diferenciais, você vai aprender de um jeito que tudo vai ficar em sua mente *ad eternum*: vivo, latente, um legado pronto para ser colocado em prática e trazer resultados imediatos para sempre na sua vida.

Este livro não nasceu de uma ideia apenas, mas do resultado de uma longa trajetória, com muitos anos de trabalho árduo no mundo inigualável das vendas, muitos estudos e, principalmente, muitos testes de campo realizados em mais de 3.500 processos comerciais.

Mais do que pilares que as sustentam, apresentamos as quatro principais dores em vendas que as empresas de diversos tamanhos, segmentos e regiões estudadas mais sentem e que, se forem mitigadas, certamente terão mais vendas em quantidade, melhores em termos de margem líquida, com ciclos mais rápidos e pessoas com mais liberdade financeira, colocando mais comissão no bolso, mais liberdade de tempo e energia para fazer coisas que são prazerosas em suas vidas.

Nesta obra, descreverei os quatro pilares que transformam a vida das pessoas pelas vendas: processos, indicadores, produtividade e previsibilidade. Além de temas essenciais como o vendedorismo, a proposta de valor percebida pelo usuário, as metas crucialmente espancáveis, construiremos um método memorável de vendas, um plano de prospecção permanente para seus negócios, um modelo de aceleração comercial e um acompanhamento minucioso dos seus resultados através de um plano tático de alcance de suas metas, ou seja, o original GPS das suas vendas e da sua vida está agora em suas mãos.

MARCELO BARATELLA

Então venha comigo, pois vou ajudá-lo a bater sua meta de vendas todos os meses de forma autogerenciável, ou seja, sem depender de ninguém, apenas do seu esforço. Sua jornada começa agora, de onde você está terminando apenas aonde quer chegar.

**PORTANTO CONVIDO-O PARA SEGUIR
SEU GPS E BORA BATER METAS!**

PREFÁCIO 1:
VENDA É UMA QUESTÃO DE CARÁTER

Quando fui convidado para escrever um dos prefácios de "GPS das Vendas", me perguntei no que mais eu poderia acrescentar em um livro tão completo – e escrito por um profissional tão completo quanto, como Marcelo Baratella. O desafio se explica: embora a minha querida mãe, Mireille, a vida toda, tenha me dito que "sou um vendedor nato", quando a adultizei, entendi melhor o significado de "cada um no seu quadrado".

O meu é a comunicação; o do Baratella, vendas.

Então, em vez de reproduzir aqui mais um texto que falasse da importância das vendas para a vida e os negócios, inspirado pelo autor, me voltei à criação. Não a minha, e sim a do Mundo, de acordo com a fé que professo e da qual sei que o Baratella é fã: o judaísmo.

Fã a ponto de ter ido não uma, mas uma dezena de vezes a Israel, única democracia do Oriente Médio, berço de três religiões monoteístas e *startup nation* consolidada.

O judaísmo tem regras morais e éticas amplas e bem definidas, que vêm sendo transmitidas há milênios através do livro sagrado da Torá. Parte expressiva delas se refere à "ética nos negócios", vertente da ética judaica que examina as questões no ambiente de negócios.

São mais de 100 menções e boas práticas relativas ao dinheiro. O assunto recebe tratamento vasto na literatura rabínica, dos pontos de vista ético e legal.

"Palavra dada é palavra mantida, se você deseja receber as bênçãos divinas."

Assim foi com Noé e sua família, poupados do Dilúvio que devastou o mundo na antiguidade.

Assim foi com Jacó, que sacrificou 20 anos de sua vida ao trabalhar sem descanso para cumprir sua palavra com o sogro, o inescrupuloso Labão.

Um judeu sem ética é como uma embalagem que não condiz com o produto: o trabalho permanente, logo, é dominar os maus instintos, derrotar os obstáculos e vencer as tentações, a fim de exercer o livre arbítrio de forma positiva.

Usamos o termo hebraico "Halachá" para definir o Código das Leis Judaicas, que pode ser traduzido como "caminho", igualmente.

E aí você deve estar se perguntando "o que um texto sobre ética judaica tem a ver como um livro sobre vendas?" Te respondo: tudo!

As Leis e a ética judaicas fundamentam o mundo dos negócios há milênios: cobrança excessiva, engano verbal, embalagens falsas, pesos e medidas precisas...

É verdade que "ética + negócios", ou seus negociantes, nem sempre são compatíveis.

"O comerciante dificilmente pode evitar a transgressão, e o lojista não será inocentado do pecado", escreveu Ben Sira 2.200 anos atrás.

"Ser ético" é um princípio que acompanha o judeu até o além-morte. Quando uma pessoa morre e é levada ao julgamento final, é questionada: "Você foi fiel em seus negócios?"

Não se esqueça: seja você judeu ou não, a vida, assim como as vendas, só faz sentido se você estiver na direção certa.

Portanto bom GPS a você!

MARC TAWIL
Escritor, estrategista de comunicação, Nº 1 LinkedIn Top Voices e TEDxSpeaker

PREFÁCIO 2:
VENDER SOBREPASSA QUALQUER OFERTA
QUE ATENDA A UMA SIMPLES NECESSIDADE

Há quem diga que a profissão de vendedor é uma das mais antigas do mundo. E, se partirmos do pressuposto de que uma venda é o resultado de uma oferta – seja produto ou serviço - que gere retorno financeiro ou compensatório, talvez ela exista desde que o mundo é liderado pela raça humana. Para contextualizar as considerações deste texto introdutório, vou navegar em algumas linhas do passado e trazer à tona os rumores de que documentos da Grécia Antiga revelam que a venda já era uma prática existente e que o termo vendedor já era utilizado. Mas a profissão, como a conhecemos hoje, instaurou-se mesmo na Revolução Industrial, na Inglaterra, entre os séculos XVIII e XIX.

A grande questão é: vender, hoje, é algo que sobrepassa qualquer oferta que atenda a uma simples necessidade. É algo que vai mais além, pois envolve proporcionar uma sensação de vivenciar experiências involuntárias e que, a partir disso, desperte desejo e necessidade de posse. Vender para suprir uma carência óbvia era uma prática dos então amadores, feita até o fim do período-guerra de 1915 a 1945. Até ali, o conceito era mais superficial, pois as atividades econômicas eram concentradas nos esforços e despesas militares. A partir disso, para superar a derrocada econômica, vender passou a exigir aperfeiçoamento e mais detalhes do produto, sobretudo nos Estados Unidos.

Feitas essas considerações, podemos dizer que estamos falando de uma das profissões mais importantes do planeta e que esteve presente em diversos momentos da minha trajetória. Para quem não sabe, sou o fundador do grupo Ser Educacional – um dos maiores grupos de Ensino Superior do Brasil, com atuação em todos os Estados da Federação e que é listado na Bolsa de Valores. Mas, voltando alguns anos, lembro que iniciei a carreira como "vendedor de serviços". Ainda criança, e por vir de uma origem bastante humilde, eu engraxava sapatos nas ruas para ajudar com as despesas em casa. Depois disso, passei a vender mexericas e também picolés. Tomei gosto por ver, mesmo tão jovem, que a força do trabalho, seja ele qual for, gera recompensas, e aí não parei mais. O que mudaram foram os serviços, mas continuei vendendo o que sabia, até que me formei no curso de Direito pela Universidade Federal de Pernambuco e ingressei, alguns anos depois, no serviço público como juiz federal do Trabalho e procurador do Ministério Público da União. E foi assim que fui conquistando meu espaço no mundo, crescendo de forma sólida, mesmo em uma realidade vulnerável e tão desigual como a que vivemos.

Posso afirmar que tudo o que eu consegui para chegar até aqui se deve ao mundo das vendas. Certa vez, fui indagado por um amigo empresário se eu poderia explicar de uma forma simples, prática e objetiva, qual era a minha opinião sobre a verdadeira arte de vender. Eu acredito muito que vender tem 100% conexão com a vida, pois, sem vendas, não existe vida, afinal, estamos falando de conexões humanas, de talentos aperfeiçoados, de necessidades supridas e de técnicas tão envolventes quanto um truque de mágica. Se pararmos para refletir, o processo que envolve uma venda é algo fabuloso. Em muitos casos, estamos falando de estranhos que se conectam em prol de suas respectivas necessidades.

E quando falamos no tema vendas, não poderia deixar de mencionar este profissional incrível que é Marcelo Baratella, um estudioso do tema – chego a dizer que é um "Professor Pardal das vendas", um cara encantador, que ama o que faz e que vive 24 horas por dia estudando o assunto e buscando novas alternativas de ferramentas e metodologias para transformar a vida de CPFs empreendedores e CNPJs famintos por gestão sustentável e crescimento consistente de suas atividades. Com o Baratella, percebi que vender não é uma arte, mas uma ciência!

Conheci Marcelo Baratella dentro do Instituto Êxito de Empreendedorismo, instituição que eu fundei e que hoje já conta com mais de 500 sócios, incluindo o Marcelo. Nossa missão é impactar e levar educação empreendedora para jovens de todas as idades, especialmente os da rede pública de ensino. Queremos impactar mais de um milhão de pessoas com uma mentalidade voltada para a qualificação a partir de *cases* reais de sucesso. Abro aqui parênteses e convido você a conhecer nossas iniciativas no site www.institutoexito.com.br. Voltando para o Marcelo, quero destacar que, logo de cara, percebi nele um profissional que podia impactar a vida das pessoas com sua metodologia e seu conhecimento.

Prefaciar o livro deste meu amigo é uma honra, pois saber que, a partir dessas linhas, as pessoas poderão encontrar um modelo de aceleração dos seus resultados de forma simples, prática, que trará reflexos imediatos e perpétuos, são ensinamentos de um vendedor para outros vendedores e que, de forma divertida, construiu um *storytelling* com seu pai fazendo sempre fechamentos de capítulos com ferramentas que, se utilizadas, certamente o levarão ao outro lado, o lado do V das Vendas, o V da Vitória, o V do Vencedor.

Há inúmeros livros de vendas recheando as prateleiras e bibliotecas sobre como vender; alguns trazem dicas interessantes, mas o que eu achei mais relevante do "GPS das Vendas" é que ele tem uma sequência lógica do que precisamos e temos que fazer para sairmos de onde estamos e chegarmos aonde queremos e devemos estar.

Boa leitura, vendedor!

JANGUIÊ DINIZ
Fundador e Presidente do Conselho de Administração no Grupo Ser Educacional

SUMÁRIO

OS 4 PILARES DO GPS DAS SUAS VENDAS...................21

VENDEDORISMO...................39

PROPOSTA DE VALOR PERCEBIDA...................55

META ESPANCÁVEL...................71

O MÉTODO MEMORÁVEL DE VENDAS...................95

PLANO DE PROSPECÇÃO PERMANENTE...................115

O MODELO DE ACELERAÇÃO COMERCIAL...................137

O PLANO TÁTICO DE ALCANCE DA META...................167

CONCLUSÃO...................185

OS 4 PILARES DO GPS DAS SUAS VENDAS

"Eu sou capaz de controlar apenas aquilo de que estou ciente.
Aquilo que eu desconheço me controla
e a conscientização me fortalece."

JOHN WHITMORE

OS 4 PILARES DO GPS DAS SUAS VENDAS

Cena 1

É sábado, quase dez da noite e eu estou tentando abrir a porta da casa dos meus pais.

"Ainda bem que eu tenho a chave."

Eu viro a chave de um lado para o outro, mas de alguma forma parece que ela não encaixa.

— Não abre. O que está acontecendo?

"Será que meus pais estão dormindo?"

— Como você foi esquecer sua pasta aqui, Marcelo? – falo sozinho.

Tento de novo e a chave quebra.

Eu fico olhando a chave quebrada na minha mão.

"Mas como é que pode?"

Respiro profundamente.

Decido bater na janela do quarto do meu pai.

Dou alguns passos e chego do lado de fora do quarto dele.

"Está tudo apagado. Será que ele vai se assustar? Ai, meu Deus."

Eu bato.

— Pai!

Nada.

Bato de novo.

— Pai!

Nada.

Mais uma vez.

— Pai!

Silêncio.

Só os grilos falantes na minha cabeça.

Bato bem mais forte.

— PAI!

"O velho morreu?"

Meu coração dispara.

Dou a volta e retorno à porta de entrada, que agora está aberta e escancarada.

— Mas o que está acontecendo aqui? Quem abriu a porta desse jeito?

Eu entro e chamo pelo meu pai e minha mãe.

— Pai? Mãe?

Nada.

Já estou caminhando com os ombros abaixados e os olhos bem arregalados, como se estivesse num filme de suspense.

— Como a porta está escancarada desse jeito?

Olho em toda a sala e não vejo ninguém.

— Pai? Mãe?

Nada.

Só ouço as batidas do meu coração.

Sigo até o quarto deles e vejo a porta aberta, com a cama vazia e tudo bagunçado.

Fico boquiaberto, com as mãos na cintura.

— Mas será o possível?

Giro todo o meu corpo, buscando algo por todos os cômodos da casa. Só o escritório está com a luz acesa. Me aproximo devagar.

"E se for um ladrão? Pior que não estou armado. Será que ele amarrou e amordaçou meus pais?"

Eu piso, pé a pé, tentando não fazer barulho algum. Aproximo meu ouvido da porta do escritório, mas nada, nenhum som.

Eu fecho os olhos, espremendo-os com força e aperto os lábios, focando toda a minha atenção na audição.

"Acho que escutei um barulho."

Ouço a minha respiração e o coração batendo, acelerado.

"Calma, Marcelo, calma. Você tem que salvar seus pais!"

Foco minha atenção mais uma vez nos meus ouvidos e ouço um barulho de papel sendo movimentado dentro do escritório. De repente, ouço o som de alguém se levantando de uma cadeira e se aproximando da porta.

"Fui descoberto!"

Vários barulhos, meu coração acelera. Ouço passos vindo da sala onde eu estou e vários sons ocorrem ao mesmo tempo.

— Ahhhhhhhhhhhh – minha mãe gritando da porta de entrada, com sacos de lixo na mão.

— Ahhhhhh – meu pai abre a porta, com fones no ouvido, e dá de cara com a minha orelha.

— Ahhhhhhhhhh – eu grito de susto entre meu pai e minha mãe.

— Marcelo! O que você está fazendo? – minha mãe pergunta.

— O que você está fazendo, mãe? É sábado à noite e você está levando lixo para fora?

Olho para meu pai, que observa tudo com a calma de sempre.

— E você, pai? O que está fazendo no escritório? E esse fone de ouvido?

Meu pai se balança, dançando sei lá o que está tocando no fone dele, enquanto a minha mãe dá de ombros e segue com os sacos de lixo na mão.

"Mas quem é que recolhe o lixo num sábado, às dez da noite?"

— Eu quase morro de susto, pai.

— Quê?

— Que susto, pai!

— Quê?

Eu faço sinal para ele tirar os fones.

"Meu pai está ficando muito moderno!"

Ele tira os fones e dá meia volta para dentro do escritório. Eu sigo atrás dele. Indignado.

Cena 2

Meu pai puxa a cadeira e se senta em frente ao computador, mexendo em vários papéis, ao mesmo tempo. A mesa está cheia de pastas, documentos, boletos e por toda a sala há várias pastas e cadernos remexidos.

"Parece que passou um vendaval por aqui."

— Pai?

— Oi, filho?

— O que está acontecendo?

— Estou trabalhando, Marcelo.

— Mas hoje é sábado, pai.

Ele para tudo o que está fazendo e tira o fone de ouvido do pescoço. Eu sento.

"Parece que finalmente vou ter sua atenção!"

— Sábados e domingos sou eu quem faço, Marcelo.

Eu apenas fico olhando e vejo no relógio de parede que já passam das dez e meia.

Ele continua.

— Primeiro o cliente, meu filho, a satisfação dele, o trabalho. Depois, quando não tiver trabalho nenhum, eu descanso.

"Ele sempre foi assim."

Eu suspiro.

"`Pelo menos não era ladrão!"

Minha mãe passa pela porta e dá boa-noite.

— Boa-noite, mãe, me desculpe pelo susto.

Olho novamente para meu pai.

— Por que você está trabalhando a essa hora, pai?

Ele cruza os braços, sorrindo.

— Preciso reerguer a minha empresa, Marcelo.

— Como assim, reerguer a empresa, pai?

Ele ri e balança a cabeça de um lado para o outro.

— Eu estou falindo, filho.

— E você diz isso assim, nessa calma? Rindo?

Ele dá uma boa gargalhada.

— O que eu posso fazer, Marcelo? É a vida!

"Mas como ele consegue ser tão calmo?"

— É a vida, pai?

— É, ué.

Meu pai começa a assobiar, todo feliz e volta a mexer em alguns papéis que estão perto dele.

— Pai?

— Que, filho?

— O que está acontecendo?

— Estou trabalhando, Marcelo, já falei.

— Mas como assim a sua empresa está falindo e você fala isso nessa calma toda?

— Eu vou me reerguer, Marcelo, não se preocupe.

"Com 73 anos? Toda essa firmeza, força e calma?"

Decido ficar quieto, para ver se ele se abre.

"É isso, vou silenciar!"

Meu pai fecha algumas pastas, empilha alguns cadernos e organiza uns papéis em cima disso tudo.

Eu fico só olhando. Pego o celular e verifico minhas mídias, enquanto ele não fala nada.

"Instagram, Facebook, LinkedIn, *E-mail*, WhatsApp, opa..."

Chegou uma mensagem no WhatsApp. Respondo rapidinho, mas de olhos bem atentos ao que meu pai está fazendo.

Meu pai começa a assobiar outra música.

"Que música é essa? Eu conheço."

Foco minha atenção no som e começo a assobiar com ele: *Yesterday*, dos Beatles!

Meu pai me olha com sorriso largo e começa a cantar, no inglês enrolado dele.

— *Yesterday. All my troubles seemed so far away. Now it looks as though they're here to stay. Oh, I believe in yesterday.*

Eu rio e começo a cantar também.

— Suddenly. I'm not half the man I used to be. There's a shadow hangin' over me. Oh, yesterday came suddenly.

Meu pai me olha, com brilhos nos olhos e volta a silenciar.

Eu cruzo as mãos e fico apenas aguardando.

— Marcelo!

"Ah, eu sabia!"

— Fala, pai!

— Por que você acha que uma empresa abre falência?

"Eu sabia que, ficando quieto, ele ia acabar falando no assunto, de um jeito ou de outro."

— Pela minha experiência, pai, os quatro principais motivos que levam uma empresa ao fracasso é a falta de Processos, falta de Indicadores, falta de Produtividade e falta da Previsibilidade dos seus resultados.

— Hum.

Meu pai fica sério pela primeira vez, desde que eu cheguei. Ele pega um caderno, uma caneta e escreve alguma coisa. Volta a olhar para mim.

— Como é que isso, Marcelo?

Eu me ajeito na cadeira e pigarreio um pouco, antes de explicar.

— Em primeiro lugar, pai, muitas empresas crescem sem implementar processos, o que, com o decorrer do tempo, acaba se tornando um problema muito grande.

Meu pai fica me olhando, esperando por mais explicações. Então, eu continuo.

— Processo, pai, é uma forma que é definida como padrão para se fazer uma tarefa e todos devem sempre seguir o mesmo caminho.

— Eu sei o que é processo, Marcelo, mas como a falta de processos pode levar uma empresa a ser fechada?

Eu estico o corpo para a frente e apoio os cotovelos no joelho.

— Imagine uma empresa que acabou de abrir, pai!

— Hum.

— Esta empresa cresce vertiginosamente em um ano, sem implementar processo algum e contrata mais de cinquenta funcionários nesse período.

— Sei.

— Em um ano, a empresa terá várias pessoas trabalhando desordenadamente, os processos não existem e cada um faz as tarefas como quer ou como consegue.

— Hum.

— Isso gera um desequilíbrio tão grande, que as pessoas não se entendem, os meios não são iguais, os prazos são diferentes, os resultados, os departamentos envolvidos, vira tudo uma bagunça.

— É.

— Imagine um departamento de vendas dessa empresa, sem processo!

— Hum.

— Vai ter vendedor fazendo venda por telefone com um discurso, outro pelo WhatsApp com outro, outro pelo Facebook, outro de porta em porta e por aí vai.

— Outro não fazendo nada.

— Exato! Os discursos e ofertas provavelmente vão estar diferentes.

— Verdade, filho!

— Vira uma bagunça total. Processo é primordial.

Meu pai alonga o pescoço, olhando para cima.

"O que será que ele está pensando? Será que não fez processos o suficiente e por isso está dizendo que está falindo? Eu vou descobrir!"

Ele me olha.

— E o que você falou depois disso, Marcelo?

— Indicadores, pai.

— Indicadores?

— É.

— E como ficam os indicadores nessa empresa que não tem processos?

— Pai, se não tem processos, não tem nem como ter bons indicadores.

Meu pai respira fundo e cruza os braços. Ele anota alguma coisa no caderno.

"Mas que raios?"

— Mas, filho, como deveriam ser os indicadores dessa empresa que cresceu vertiginosamente?

— Bom, digamos que nesta empresa eles vendam carros. Os indicadores podem ser o número de vendas de unidades mensais, o número de vendas por vendedor ou até mesmo quantos negócios perderam e os motivos dessas perdas no mês.

— Hum.

— Mas, como não há processos bem definidos e organizados, pode ser que esses indicadores também estejam errados.

— Por que, filho?

— Porque se não há um processo padrão de vendas, por exemplo, pode ser que um vendedor esteja vendendo menos, do jeito correto, considerando preço, prazo e condição, do que outro vendedor, que está efetuando mais vendas, mas está fazendo isso em condição que é prejudicial ao fluxo de caixa da empresa, dando descontos e prazos menores do que o que deveriam ser trabalhados.

— É, faz sentido, Marcelo.

"Será que meu pai cometia algum desses erros?"

— Você acha que fez isso na sua empresa, pai?

— Eu? Não, não, não.

Ele balança a cabeça e desconversa.

"Pronto, perdi a atenção dele. Vou ficar quieto!"

Levanto e abro a janela para entrar um ar.

— Boa ideia, filho!

Eu dou uma olhada por cima, sobre as pastas e cadernos do meu pai. "Que bagunça!"

— Pai, eu esqueci uma pasta minha aqui hoje cedo.

— Eu sei.

Ele me olha de canto e sorri, apontando o dedo:

— Está ali, em cima do armário, perto da porta.

"Como ele sabe, no meio de tanta bagunça?"

— Eu sei, porque deixei ali bem cedo, para quando você viesse buscar.

"Mas como ele sabia que eu vinha buscar?"

Eu sabia que você vinha buscar.

Eu dou uma risada, pego a pasta e me sento outra vez.

Meu pai me olha sério.

— Você continua desligado, Marcelo.

— Desligado? Eu?

"Não acredito! Eu não sou desligado!"

— Marcelo?

— Oi, pai?

— E o que vem depois de Processos e Indicadores?

"Yes!"

— Produtividade, pai!

— Como é que é isso, Marcelo?

— Bom, na empresa que nós acabamos de criar agora, o índice de produtividade deve estar bem baixo.

— Por quê?

— Porque não há processos e mesmo que haja indicadores, provavelmente eles estão baseados em dados não corretos.

— É uma bagunça só.

— Isso, pai. Se você tem cinquenta funcionários trabalhando sem processos, é provável que haja muito retrabalho, desorganização, falta de entendimento entre os colegas e departamentos, perde-se muito tempo.

Meu pai balança a cabeça, me encarando, em silêncio.

Eu continuo:

— Imagine esses funcionários tentando vender um carro em promoção, que é a última unidade da loja!

— Hum.

— Pode ser que três vendedores vendam o mesmo carro ao mesmo tempo.

— Pqp, Marcelo, é verdade.

Dou uma gargalhada com o palavrão do meu pai.

— Sim, porque se não há processo, os vendedores podem estar fazendo a venda de forma manual, sem registro e, na hora de efetuar a venda, vão descobrir que não há mais unidade suficiente, porque outros dois já terão vendido o mesmo carro.

— Minha nossa.

— Imagine o tempo que eles vão perder para decidir de qual dos três vendedores é a venda e o tempo que terão que despender para se desculpar com os outros dois clientes?

— Além do mal-estar que vai ficar entre os vendedores.

Eu balanço o queixo para cima e para baixo.

— Pois é. Isso é baixa produtividade. Foram feitas três vendas, mas só uma foi efetivada.

"Será que a empresa do meu pai está falindo porque não teve produtividade? O que será que aconteceu?"

Estralo o pescoço e continuo em silêncio.

"Só assim para o meu pai falar. Estratégia!"

Dou uma olhadinha no celular, enquanto meu pai me enrola, olhando alguns dos seus infinitos papéis sobre a mesa.

— Marcelo?

— Oi, pai?

— Não eram quatro pilares, filho?

"Mas é um sacana!"

Eu rio novamente.

— Sim, pai.

— Qual é o último?

— Falta de Previsibilidade.

— E como é que é isso, Marcelo?

Eu fico em pé e dou uns passos pelo escritório, paro perto da janela, sentindo o ar fresco.

— Veja, pai, se uma empresa implementa processos de forma consistente, seus indicadores também serão consistentes. Com isso, os funcionários conseguem prever o que vem depois.

— Como assim?

— Digamos que a concessionária quer fazer uma promoção dos modelos de carros que não estão vendendo bem...

— Hum.

— Primeiro, eles têm indicadores precisos para obter essa informação.

— Sim.

— E com bons processos, conseguem rapidamente organizar uma promoção.

— Hum.

— Então, eles conseguem prever uma média de quantos carros conseguem vender durante a promoção, por isso são capazes de estimar o tempo necessário dessa promoção, a necessidade de *marketing*, de fazer um novo pedido para a fábrica e tudo o que envolve esse produto.

— Entendi.

Meu pai estica o braço até o caderno e anota mais alguma coisa.

Ele me olha.

— E o que mais, filho?

— Como assim, o que mais, pai?

— O que mais você ensina nos seus treinamentos e mentorias?

"Olha!"

— Você quer saber, pai?

— Claro que eu quero, não estou fazendo nada mesmo.

"Nada? No meio dessa bagunça?"

Eu olho no relógio de parede, mais de onze da noite de um sábado.

"Só o meu pai mesmo..."

CHECK POINT Nº 1 DO GPS

Como estão os 4 pilares da sua empresa?

Eu compreendo muito bem o que significa amar o que se faz. Quando isso acontece, passamos a ser uma coisa só, por isso digo que não tenho uma empresa, mas sou a *Eupresa*!

O respeito e carinho com você e o seu negócio é o mesmo que tenho pelo meu, existe uma compreensão do quanto se sente conectado ao que faz.

Por isso, o GPS das Vendas considera a sua empresa e você como uma *Eupresa*!

Você está num lugar seguro, onde é totalmente compreendido e apoiado.

É muito fácil olhar para o outro e enxergar o que falta para ele, mas importante é analisar o que falta para nós mesmos, por isso convido-o para refletir honestamente sobre as questões do *check point* nº 1 que preparei e respondê-las para si mesmo.

Fará uma boa diferença no decorrer deste livro, mais ainda na sua vida.

Aqui você só precisa checar SIM ou NÃO para as 20 questões a seguir.

1 - Pilar nº 1: Processos

1) ( ) SIM ( ) NÃO - Você possui etapas de vendas claras e definidas em cada momento da jornada de compra do seu cliente?

2) ( ) SIM ( ) NÃO - Você possui atividades claras e bem definidas de prospecção, relacionamento e fechamento dentro do seu processo de vendas?

3) ( ) SIM ( ) NÃO - Você sente que seu processo de vendas está um pouco burocrático (travado) ou desorganizado (bagunçado) no dia a dia?

4) ( ) SIM ( ) NÃO - Você tem controle das ações futuras do seu processo de vendas em todos os clientes (oportunidades) da sua carteira?

5) ( ) SIM ( ) NÃO - Você possui um *software* de CRM (*Costumer Relationship Management*) ou outro tipo de controle para alimentar e controlar seus processos comerciais dentro da carteira dos seus clientes?

2- Pilar nº 2: Indicadores

6) ( ) SIM ( ) NÃO - Você conseguiria listar 10 indicadores (KPIs) de vendas que controla hoje no seu dia a dia?

7) ( ) SIM ( ) NÃO - Você consegue saber com precisão quantos negócios ganhou e perdeu nos últimos seis meses?

8) ( ) SIM ( ) NÃO - Você consegue saber os motivos por que ganhou e perdeu esses negócios?

9) ( ) SIM ( ) NÃO - Você tem controle sobre as taxas de conversão entre as etapas do seu processo de vendas?

10) ( ) SIM ( ) NÃO - Você tem controle sobre o *ticket* médio das suas vendas em tempo real?

3- Pilar nº 3: Produtividade

11) ( ) SIM ( ) NÃO – Você sabe quantas atividades de prospecção por dia precisa fazer este mês, para ser melhor do que foi no mês passado?

12) ( ) SIM ( ) NÃO - Você sabe quantas atividades de *follow-up* (acompanhamento) de negócios precisa fazer por cliente para vender mais?

13) ( ) SIM ( ) NÃO – Você sabe qual é o seu ciclo médio de vendas por mês de cada venda fechada?

14) ( ) SIM ( ) NÃO – Você chega ao final do dia com a sensação de que não fez tudo o que deveria ter feito?

15) ( ) SIM ( ) NÃO – Você acredita que a procrastinação, foco e a falta de organização estão atrapalhando seu desempenho?

4- Pilar nº 4: Previsibilidade

16) ( ) SIM ( ) NÃO - Você sabe quantas prospecções precisa fazer por dia para ter o número ideal de visitas/apresentações?

17) ( ) SIM ( ) NÃO – Você sabe quantas visitas precisa fazer por dia para ter o número ideal de propostas/negociações?

18) ( ) SIM ( ) NÃO - Você sabe quantas propostas precisa fazer por dia ter o número ideal de fechamentos?

19) ( ) SIM ( ) NÃO – Você sabe quantas oportunidades precisa ter por mês no início do seu processo de prospecção para bater sua meta mensal de vendas?

20) ( ) SIM ( ) NÃO – Você sabe qual é o *ticket* médio ideal por venda para conseguir ter a comissão e a rentabilidade que precisa no mês?

Agora, some todos os NÃOS que você deu como respostas e coloque o resultado ao lado: nº _____ total NÃOS

De (0 - 5) NÃOs – você se encontra em um nível de dor na sua vida comercial que eu chamo de DORIL. Uma dor leve, leu o livro, a dor sumiu. Ler esta obra vai ajudá-lo a cuidar das arestas que ainda estão incomodando.

De (6 -10) NÃOs – opa, ponto de atenção! Aqui, você começa a ter uma dor que chamo de DOR DE APOIO EM VENDAS e que certamente afeta pontos cruciais da sua vida comercial de forma mais direta.

Este livro vai acrescentar mudanças importantes para aliviar essas tensões que aumentam a cada dia.

De (11-15) NÃOs – ei, acorda! Você está em um quadro preocupante que chamo de DOR VOLÁTIL EM VENDAS. Os pilares que sustentam o sucesso das suas vendas estão condenados a ruir. Você perdeu alguns controles essenciais e a volatilidade das suas vendas deixam a sua vida sem alguns direcionamentos. Ao ler o GPS das Vendas e colocar em prática os ensinamentos, solidificará suas rotas e o trará de volta ao controle dos seus resultados.

De (16 - 20) NÃOs – você está na UTI, respirando por aparelhos e ainda não percebeu. Nesse estágio, chamo de DOR LATENTE EM VENDAS. Aqui não tem outro jeito, temos que fazer um tratamento intensivo no seu modo de viver e de vender. Você não domina mais o jogo dos resultados e não tem mais o controle nas vendas e a previsibilidade nas mãos. A leitura do GPS das Vendas passa a ser uma questão de sobrevivência e aplicação da sua metodologia será crucial para sua recuperação.

VENDEDORISMO

Sonhador, empreendedor, vendedor e vencedor.
Não é todo mundo que está disposto
a pagar este preço.

MARCELO BARATELLA

VENDEDORISMO

Cena 3

E u bocejo alto.
— Cansado, Marcelo?
— São mais de onze horas, pai.

Ele dá de ombros e segue organizando os montes de papéis, assobiando.

Eu me levanto para fazer um café.

"Pelo menos tem uma cafeteira aqui."

— Café, pai?

— É bom...

Pego uma xícara e coloco na base da cafeteira, fico atento ao barulho da máquina. Sinto o aroma chegando no meu nariz.

"Ah o cheirinho de café. Já fico mais animado!"

Meu pai remexendo os papéis.

Primeiro café pronto, entrego para o meu pai.

— Obrigado.

Começo a preparar a minha xícara, quando meu pai toca em outro assunto.

— Marcelo?

— Fala, pai!

— O que você considera alta produtividade de vendas nos dias de hoje?

"Hum, interessante."

— Bom, eu costumo dizer que a alta produtividade precisa primeiro de bons processos e indicadores.

— Sim, sim, você já falou.

"Não preciso ser repetitivo com o velho."

Tomo um gole de café enquanto me sento.

Continuo.

— É importante que a empresa aprenda a contratar pessoas pelos valores que elas têm e não só pelo currículo.

Meu pai me olha sério um instante.

— Mas já não é assim?

— Pior que não, pai.

— Aí fica difícil.

— Não é?

Meu pai respira fundo e fica olhando para o teto.

Eu continuo.

— As empresas, sem pensar, olham só para o currículo e, no fim, acabam perdendo pessoas porque elas não se encaixaram nos moldes da empresa, nos valores.

— É. Complicado, Marcelo.

— As empresas têm que escolher pessoas que vistam a camisa da empresa, a começar pelos seus valores, pela forma como elas pensam, agem e possuem sua missão.

— E se fosse aquela loja de carros, como seria isso?

Ponho a mão no queixo e penso um pouco.

— Considerando uma revenda que visa à satisfação dos clientes com pós-venda e atendimento acima da média, por exemplo, as contratações têm que pensar em pessoas com boa comunicação, paciência e perseverança, pois não farão apenas uma venda e ponto final, continuarão trabalhando no processo.

— Um perfil não tão agressivo e mais comunicativo, ouvinte?

— Isso.

— Mas o que mais?

— Na hora de montar uma equipe, quem vai contratar tem que saber o perfil das pessoas que ele precisa. Se ele fizer isso, consegue montar um time com harmonia, que se encaixa trabalhando um com o outro.

— É. Fica com ritmo.

Eu me empolgo, me levanto e falo andando dentro do escritório e apreciando o meu café.

— Se você tem uma equipe de vendas assim e um processo de vendas claro e previsível, já é meio caminho andado, é o que toda empresa quer, mas esquece do essencial.

— Hum.

— Outro ponto importante é aceitar as diferenças entre as pessoas da equipe e aproveitar o melhor de cada um, pai.

— Mas não é óbvio?

— Por mais que seja óbvio, no dia a dia, para a maioria das pessoas não é.

— E como seria isso na loja de carros?

— Veja bem, pai, ainda que se tenha uma excelente equipe de vendas, sempre vai ter um que vai ser melhor na negociação, outro na comunicação, outro na entrega do veículo e assim por diante.

— Sei.

— Não se deve cobrar que todos sejam bons em tudo, mas aproveitar o que cada um tem de melhor.

Eu me sento outra vez.

— É, você e suas irmãs, por exemplo.

"Lá vem..."

— Você é o mais falante e desligado, sua irmã é mais cuidadosa e sua outra irmã é mais esforçada.

— Eu sou esforçado, pai.

Ele ri.

— E eu não sou desligado.

— Sei.

— Pai...

Meu pai derruba um papel no chão, eu pego para ele e coloco sobre a mesa.

— Viu como eu sou esforçado?

— Sei.

Ele pega o papel que coloquei sobre a mesa e coloca em outro lugar.

— Sabe o que mais, pai?

— Hum?

— Comunicação aberta, sem burburinho, um ambiente de trabalho positivo, transparente, confiável, sem pisar em ovos uns com os outros.

— Sem fofoca, filho, pelo amor de Deus!

Eu rio.

— Pois é, pai.

Agora ele joga uma pilha de papéis no chão.

— Vai jogar tudo isso fora?

Ele não responde e volta para o assunto.

— O que mais precisa para alta *performance* nos dias de hoje?

— Tecnologia, pai!

— Tecnologia?

— Vendedor precisa usar a tecnologia a favor dele.

— Como assim?

— O mundo é *on*, papai! O mundo é *on*, papai!

Meu pai cruza os braços e fica me olhando de lado, com as sobrancelhas cerradas.

"Está desconfiado."

Eu sorrio e continuo.

— Hoje se tem muitas ferramentas na ponta dos dedos, quem sabe e usa disso fica na frente: celulares com milhões recursos como mídias sociais, aplicativos, CRM, automações e o próprio uso do telefone, tudo!

— Tudo isso só para informação?

— Pai?

— Quê?

— Informação vale dinheiro.

— E na concessionária de carros? Por que o vendedor precisa de tudo isso? Não é chato?

— Veja bem, pai.

Ele cruza os braços e fica me olhando um instante.

— No meio de uma venda, o funcionário tem uma HP 12C no celular. Ele faz todas as contas ali mesmo, não perde tempo. Tem e demonstra agilidade.

— Só isso?

— Pai, não é só isso. Ele pode fazer uma venda pelo telefone, pelo WhatsApp, LinkedIn, *e-mail* e anota tudo o que está fazendo em aplicativo no celular, no *tablet* e que inda se conectam com o computador dele.

— Sei.

Ele balança a cabeça para cima e para baixo.

— E o que mais, Marcelo?

"Será que ele está entendendo tudo?"

Respiro fundo e sigo em frente.

"Afinal, não é todo sábado tarde da noite que passo com meu pai."

— Ferramentas de prospecção.

— Ferramentas de prospecção? Como é que é isso agora, Marcelo?

Ele anota algo no caderno dele.

"De novo? Será que está anotando o que estou falando?"

— Direção, pai, é a melhor maneira de alcançar os resultados esperados.

— Hum. Isso é.

Meu pai olha ao seu redor.

"Será que está percebendo a bagunça de papéis que ele fez?"

— Quantos papéis...

"É."

Ele me olha e levanta o queixo, como sinal para que eu prossiga.

Assim faço.

— Não cobrar, pai!

— Como não cobrar, Marcelo?

— Um gestor, principalmente de vendas, não deve cobrar.

— Como não vai cobrar, Marcelo? Não tem que cobrar?

Agora eu balanço a cabeça.

— Tem que ter métricas, pai, ir acompanhando no CRM e não fazendo cobranças! Cobrar é chato, desumano, ninguém gosta! O certo é acompanhar.

— Me dá um exemplo, então!

Eu bato uma mão na palma da outra e cito.

— Eu sei o que você está fazendo, só quero saber como foi!

— Quê?

— É algo assim que você tem que dizer, pai: 'eu sei o que você está fazendo, só quero saber como foi!'

Meu pai me olha atento e não se move, esperando que eu me explique melhor. Então, eu continuo.

— Indicando os pontos fortes, acompanhando, não esperando o mês acabar para cobrar.

Ele fica em silêncio uns segundos. Depois, provoca.

— E na concessionária?

— Tem que acompanhar os vendedores, talvez diariamente, entender quantas ligações fizeram, quantos *e-mails* enviaram e responderam, como escreveram, como fizeram as abordagens, como estão respondendo às objeções dos *prospects*, enfim, participar do dia a dia e não só no fim do mês, fazendo cobrança. Gosto de comparar como se estivéssemos em uma estrada a 100 quilômetros por hora e avistássemos uma placa dizendo radar eletrônico à frente, velocidade máxima 80 quilômetros por hora. Sem ter nenhum controle da informação, passamos pelo radar em velocidade acima do permitido, tomamos multa e ainda ficamos irritados com o governo, com o radar e com o mundo a nossa volta. Agora, se tivéssemos diminuído a velocidade conforme informado, não sofreríamos sanções. O mesmo acontece com o gerente de vendas que não controla os vendedores e somente cobra o resultado depois do mês terminado, aí não dá, aí não resolve, só serve para apontar o dedo e dar porrada no que já foi, a famosa gestão do retrovisor.

— Assim faz sentido. Tem mais?

Ele ri.

— Tem, pai.

— Quanta coisa.

Ele escreve algo no caderno outra vez.

"Mas que raios ele tanto escreve?"

Eu rio e continuo.

— Tocar no instinto competitivo da equipe de vendas.

— É, competir é bom.

— Sim, além de motivar a competição, um acaba se inspirando no outro, sempre elevando o patamar da equipe.

— E como se faz isso?

— Premiação, reconhecimento e motivação.

— Acabou?

— Não, pai.

Silêncio.

"Gosto de fazer um mistério com o velho de vez em quando."

— O que mais?

— Por último, mas não menos importante, saber que tem que recrutar vendedor, vinte e quatro horas por dia.

— Por quê?

— Pai, o mundo corporativo está mudando constantemente: o *turnover*, ou seja, o giro de pessoas que saem e entram na área de vendas está aumentando cada vez mais e detonando os resultados e a consistência das vendas das empresas, alguém pede para sair, a pessoa que mais gosta muda de emprego ou de cidade, você nunca sabe.

— É uma carta na manga?

— Isso!

Levanto para fazer mais um café.

— Café, pai?

— Você vai ter insônia, Marcelo!

— Vou nada!

Meu pai ri.

Começo a preparar uma nova xícara e volto à explicação.

— Nos meus treinamentos e palestras, eu falo bastante sobre vendedorismo.

— Vendedorismo, Marcelo? Mas você gosta de inventar moda, não? Eu rio.

— Nomenclaturas são importantes para fazer as pessoas memorizarem algumas coisas importantes, pai.

— Hum. Mas como é isso?

— O vendedorismo tem quatro pontos, pai.

— Quatro? De novo?

— Sim, mas é um exemplo dentro do tema alta produtividade, que você me perguntou.

— Tá, como é isso?

Meu pai encosta na cadeira e para de mexer nos papéis.

Eu pego minha xícara de café e me sento.

Volto à explicação.

— Primeiro pilar do vendedorismo, pai.

— Hum.

Ele me olha.

— Autonomia!

— Autonomia?

— Sim, pai. O permitir que todos dentro da empresa tenham liberdade para pensar e agir de forma responsável, para que se sintam donos do negócio.

— Donos do negócio? Isso é bom?

— Claro, pai, as pessoas com autonomia são outras, se sentem parte da empresa e se sentem importantes, podendo tomar decisões que serão boas para todos os envolvidos.

— É, faz sentido, Marcelo. Mas o que mais?

— Domínio.

— Domínio?

— Pensa, pai. Desenvolver o *empowerment* (empoderamento) da equipe, dando treinamentos semanais para o time de vendedores. Com pleno conhecimento do que fazem, dos produtos que vendem, o time fica menos inseguro.

— É, treinamento é bom mesmo, já era assim no meu tempo como vendedor na Kodak.

"Ah, a Kodak..., pensar que eu vivia indo lá, quando menino. O quanto eu não aprendi na Kodak e com o senhor, pai?"

Tomo um gole de café.

— Cafeteira boa, pai.

— Eu sei.

— *Top* das galáxias!

Ele ri.

— Tem a escuta ativa também, pai.

— Como é isso?

— O estar presente para seus clientes, prestando atenção no que eles dizem, escutando mais do que falando.

— Escutando mais do que falando? Você? Que fala pelos cotovelos?

Não consigo conter uma gargalhada alta.

— Vai acordar sua mãe, Marcelo!

— Eu falo para ensinar, pai!

— Sei.

— Bom.

Eu continuo.

— Tem que se perguntar o tempo todo: você seria seu próprio cliente?

— É uma boa pergunta.

Meu pai coloca a xícara que usou sobre uma das pilhas de papéis.

"Ai, meu Deus, sujou!"

Ele limpa com a manga da camisa branca, que fica suja também.

— Pai...

"Que lambança!"

Eu rio.

— E o último pilar desse tal de vendedorismo, que você inventou?

— Pontos de contato, pai.

— Pontos de contato, Marcelo?

— É, pai, você mapear todos os pontos que incomodam o cliente. É importante descobrir tudo o que ele realmente quer e precisa resolver.

— Aí a chance desse cliente indicar você para outros clientes é bem alta.

Eu bato a mão fechada na palma da outra mão.

— É isso, pai! Faça o que tem que ser feito: administre corretamente seu tempo com atividades importantes e não urgentes. Assim se mantém o foco e atenção nos detalhes que fazem a diferença.

"Nossa, como eu me empolgo."

— Mais café, pai?

— Melhor não.

Ele volta a mexer nos papéis.

CHECK POINT Nº 2: COMO ESTÁ O SEU VENDEDORISMO?

Temos que entender que a palavra VENDEDOR já diz muito do que devemos fazer no nosso dia a dia para crescermos na profissão, VENDER-DOR. Veja se não faz sentido: o vendedor que somente sabe oferecer as coisas está morrendo aos poucos, está se tornando chato e inconveniente. Agora, se uso do artifício de entender para atender o problema, a dúvida, o medo, a dor que o comprador possui, sim, o que COMPRA A DOR, esse passa a me dar mais atenção e comprar essa dor que alívio para ele, de maneira que acabo ajudando a entregar a solução desejada no momento, deixando definitivamente de oferecer coisas e sendo um aliviador de problemas e um criador de ganhos para aquele momento em que está incomodado.

Dessa forma, o vendedor precisa ter um *mindset* de vendedor empreendedor, que possui sua lojinha (região ou área) e que deve administrar seus departamentos internos (financeiro, *marketing*, RH, vendas, sua *euquipe*), diminuindo a pressão pelos resultados de forma imediatista e buscando ajudar as pessoas que ele atende a tomarem as melhores decisões que serão boas para elas. Dessa forma, anote quatro itens importantes que você precisa fazer a partir de amanhã para ser um vendedor empreendedor e tomar em definitivo as rédeas do GPS das suas vendas.

1. Autonomia – tenha liberdade para agir e pensar como dono do negócio, mesmo que você não seja dono do CNPJ, aliás empreender no CNPJ dos outros é mais barato e tem menos riscos. Pensar como dono do negócio traz senso de responsabilidade, comprometimento e resiliência, atitudes fundamentais para a sobrevivência de qualquer vendedor.

Agora dê uma nota de 0 a 10 de como está hoje o nível liberdade que tem ou se permite para ter autonomia e ser dono do seu negócio (sendo que 0 a nota é muito baixa, 10 extremamente alta, 5 é meia boca e 7 passa de ano).

Nota para sua autonomia: _____.

Por que se deu essa nota?

_____

_____

O que pode fazer nesse momento para subir dois níveis dessa nota nos próximos 30 dias?

_____

_____

_____

_____

2. Domínio – desenvolva o seu empoderamento (*empowerment*), conduzindo o autodesenvolvimento da sua rotina. Participe de treinamentos constantes, estude muito, leia livros, *podcasts*, *blogs*, artigos e faça cursos *on-line* por conta própria, não espere alguém investir em você. Com pleno conhecimento dos seus concorrentes, dos seus produtos e serviços, dos seus clientes, do seu mercado e de técnicas apropriadas, terá mais domínio sobre o seu negócio e sobre suas vendas.

Agora dê uma nota de 0 a 10 de como está hoje o nível autoempoderamento e desenvolvimento para que se torne uma pessoa mais inteligente, informada e atraia pessoas melhores por conta do seu domínio sobre os assuntos relevantes (sendo que 0 a nota é muito baixa, 10 extremamente alta, 5 é meia boca e 7 passa de ano).

Nota para seu domínio: _____.

Por que se deu essa nota?

_____

_____

O que pode fazer nesse momento para subir dois níveis dessa nota nos próximos 30 dias?

_____

_____

_____

_____

3. Escutatória – você já ouviu falar do vendedor jacaré, aquele que tem orelhas pequenas e boca grande? Pois é, não tenha esse péssimo hábito de falar mais e ouvir menos. Faça da sua vida um movimento diferente a partir de agora, pergunte mais e escute mais. Dessa forma, você agirá para atender os seus clientes, prestando mais atenção no que dizem, nos seus movimentos e nas suas dores. Quem pergunta mais vende mais.

Agora, dê uma nota de 0 a 10 de como está hoje o seu nível de saber ouvir, de ter empatia pelo que o outro fala, respeitar a opinião do outro, saber se posicionar sem ter grandes confrontos, discutir a opinião e o problema do outro sem colocar o seu ponto de vista como prioridade (sendo que 0 a nota é muito baixa, 10 extremamente alta, 5 é meia boca e 7 passa de ano).

Nota para sua escutatória: _____.

Por que se deu essa nota?

_____

_____

O que pode fazer nesse momento para subir dois níveis dessa nota nos próximos 30 dias?

_____

_____

_____

_____

4. Pontos de dor – tenha o hábito de mapear todos os pontos que incomodam o cliente. É importante descobrir tudo o que ele realmente quer para que resolva todos os seus problemas pontualmente. Lembre-se: o que vende não são características e benefícios, o que vende são os problemas que você ajuda o cliente a resolver naquele momento e se conectam com as características de produto ou serviço, aquilo que o produto tem ou os benefícios daquilo, ou seja, o que ele ganha com aquilo se o problema, a dor, for resolvido.

Agora, dê uma nota de 0 a 10 de como está hoje o seu nível de se preocupar em descobrir as dores dos clientes, de fazer as perguntas poderosas que estimulam a outra parte a te contar as necessidades implícitas (aquela que ela conta para todos) e as necessidades explícitas (aquela que ela só conta para você), sendo que 0 a nota é muito baixa, 10 extremamente alta, 5 é meia boca e 7 passa de ano.

Nota para seu ponto de dor: _____.

Por que se deu essa nota?

_____

_____

O que pode fazer nesse momento para subir dois níveis dessa nota nos próximos 30 dias?

_____

_____

_____

_____

PROPOSTA DE VALOR PERCEBIDA

Vender é ajudar o outro a tomar uma decisão
que será boa para o outro.

MARCELO BARATELLA

PROPOSTA DE VALOR PERCEBIDA

Cena 4

Eu ainda estou no escritório do meu pai, é quase meia-noite e ele dá mais bola para os papéis em cima da mesa do que para mim.

"Se eu insistir em falar sobre a suposta falência dele, aí que ele não vai me contar mesmo o que aconteceu. Melhor eu ficar quieto. Comendo pelas beiradas."

Pego o celular e dou uma olhadinha nas minhas redes sociais.

— Excelente – acabo soltando em voz alta.

— O que, Marcelo?

— Nada não, pai, estou checando o número de visualizações do vídeo que postei hoje no YouTube.

— Você posta vídeo todo dia, Marcelo.

— Eu tenho que postar, pai. A *internet* se tornou o maior meio de vender algumas coisas e de se comunicar com atuais e futuros clientes.

— Mas você não enche o saco dos seus clientes com tanta informação?

— Pai.

Ele me olha com as sobrancelhas levantadas.

— Eu crio conteúdo de qualidade. Inteligentes são os clientes que aproveitam esses conteúdos e adquirem, por causa deles, maior conhecimento e colocam em prática.

— Tá.

"Só isso?"

— Que vídeo você postou hoje, filho?

"Ah, bom."

— É um que eu falo sobre Proposta de Valor Percebida pelo usuário.

— E como é isso aí?

Eu me levanto e vou até a janela. Me encosto no parapeito e cruzo os braços, ficando mais próximo ao Seu Carlinhos. Esse é o modo carinhoso como todos o chamam.

— O primeiro ponto, pai, é diferenciar o conceito de preço e valor percebido.

Meu pai me olha e pergunta, de forma sarcástica.

— Mas isso não é óbvio, Marcelo?

Eu rio.

— Para você tudo é óbvio, pai? Quanta modéstia.

Ele sorri.

— A mim, me parece óbvio.

— Talvez para você, pai, mas para muita gente não, inclusive eu costumo dizer para meus clientes que o óbvio precisa ser estudado sempre; se é óbvio e não fazemos, estamos com sérios problemas.

— Sei.

Ele volta a me ignorar.

Suspiro.

"Ignorado com sucesso."

Balanço a cabeça e rio sozinho.

— O que você falou no vídeo, Marcelo?

— Ah..., achei que não queria saber.

— Saber eu já sei, mas só quero saber se você sabe direito.

— Ahhhhh, pai!

Percebo ele disfarçando um riso.

"Mas é um sacana esse velho."

— Eu explico que um produto deve ser comprado pelo seu valor e não pelo seu preço, de forma que o cliente considere a oferta atrativa para sua decisão. E vice-versa.

Meu pai vira o pescoço para mim.

— E na loja de carros, como é que fica isso?

Bato uma mão na palma da outra.

— Bom exemplo, pai!

— Hum.

— Se a loja de carros tiver um modelo que está na lista dos mais seguros do país, pode ser usado como argumento para uma mulher que está grávida, por exemplo. O vendedor pode efetuar a venda, demonstrando o valor de um dos carros mais seguros do país, num momento único na vida dessa futura mãe.

— Hum..., bom.

— Sim, porque uma mulher fica mais vulnerável durante a gravidez, já que se algo acontecer com ela, pode também atingir o seu bebê. E nesse caso, o item segurança, considerado o melhor naquele carro em específico, se torna um valor para aquela cliente.

— Que vai acabar achando o carro barato.

— Isso, pai. Por causa da sensação de proteger o filho dela.

— Eu sei, eu sei.

"Sabichão".

Meu pai anota mais alguma coisa no caderno do lado dele.

"O que será que ele está escrevendo? Será que está anotando um resumo das minhas explicações?"

Ele termina de escrever, enquanto cochicha algo sozinho.

Deixa a caneta de lado e me olha.

— E abaixar os preços, Marcelo, você acha uma boa estratégia de vendas?

— No geral, não, pai.

Ele arregala os olhos um instante.

— Como não?

— Primeiro. Se o problema fossem os preços altos, as empresas que possuem os preços mais altos deixariam de existir no mercado, não concorda?

— É..., nunca tinha pensado nisso.

— Está vendo como nem tudo é óbvio, seu Carlinhos?

Ele balança uma das mãos no ar.

— Continue, continue.

Eu prossigo.

— Considerando preço e valor, é sempre mais importante aumentar o valor percebido pelo cliente.

— Hum.

— Veja bem, pai. Os clientes hoje em dia querem consumir algo que eles acreditam que precisam, mas que tenha valores agregados.

— Me dá mais um exemplo.

— Tá.

Eu limpo a garganta antes de continuar e desencosto da janela, dando passos ao redor da sala, enquanto formulo um novo exemplo.

— Se o cliente achar o produto caro, é porque ele não viu valores nele, ou não o bastante para ver o produto como prioridade na vida dele.

— E o que você faz?

— Eu tenho que agregar valores ao meu produto de forma empática, ou seja, sentar a bunda na cadeira dele, pensar como pensaria e contar as coisas que o ajudarão a tomar uma decisão, que será boa para ele mesmo e não para mim. No caso do carro, posso apostar na segurança, mas, antes disso, devo avaliar se essa história faz sentido para o cliente. Se do outro lado está um homem jovem, ofereço um carro que tenha mais velocidade e aceleração. Se for uma mulher, mostro a diversidade de cores e por aí vai.

— Hum. E se for alguém como eu?

Eu rio.

— Aí eu mostro um carro fácil de dirigir.

— Por quê?

— Estou considerando a sua idade, pai.

— Está querendo dizer que não sei dirigir? Perdeu o respeito, Marcelo?

— Lógico que não, pai.

— Você ousa me chamar de barbeiro?

Não consigo conter uma gargalhada alta.

— Olha a sua mãe dormindo, Marcelo.

— Pai, antes de mostrar o valor do meu produto, eu tenho que perceber quem é o meu cliente.

— Muito bem.

Me encosto mais uma vez no parapeito da janela.

— Marcelo?

— Hum?

— Como você faz para agregar valor ao seu produto? De forma empática ainda por cima?

Ele pergunta e fica de novo mexendo nos papéis.

— Eu tento aliviar a dor do cliente, criando ganhos para ele.

— Como é que é isso?

"Meu pai é uma figura."

— A primeira coisa que eu preciso compreender é o cliente. Ter a percepção por sua expectativa ou ao longo daquele período de tempo.

— Percepção por expectativa, Marcelo? Você gosta de inventar nomes.

— Pai, preste atenção!

Ele cruza os braços, larga os papéis e me olha sério.

— Quando o cliente chega na loja para comprar um carro, ele tem uma expectativa, certo?

— Hum.

— Se ele não comprar o carro, é porque a percepção dele ficou abaixo da expectativa que ele tinha.

— É. Faz sentido.

— Mas claro que faz, pai.

Eu volto a me sentar no sofá.

"Em algum momento, ele vai me contar o que aconteceu com a empresa dele. Não é possível."

— Como é que você resolve isso, filho?

— O primeiro passo é entender a dor do cliente, o que ele precisa. Um bom vendedor vai se colocar no lugar dele, entender o ponto de vista dele e da empresa, sobre o que ela pode e deve fazer por ele. Tem que haver um encaixe entre esses dois pontos de vista.

— Acho que você precisa explicar melhor isso aí, viu?

Suspiro.

— Está fazendo pouco caso da minha explicação, pai?

— Estou.

Ele volta a mexer nos papéis.

"Perdi ele outra vez!"

— Pai, eu vou te mostrar um papel e vou explicar as etapas desse processo, tá bom?

Meu pai olha para mim e levanta a sobrancelha direita.

— Tá...

Abro a minha pasta e pego um documento.

Eu puxo uma cadeira e me sento bem na frente dele. Coloco a folha sobre a mesa.

"Será que agora ele deixa esse monte de papéis de lado?"

— Olha, pai.

— Hum.

— A primeira pergunta é "por quem e para qual produto eu vou ter o meu valor percebido?"

— Hum.

Meu pai cruza os braços e presta atenção.

"Viva!"

Ele pega o papel da minha mão e fica olhando para ele.

"O velho gosta de papel, não é possível."

— Vamos pensar num produto e num cliente em específico.

— Da loja de carros?

— É, pode ser, pai. Pensa num produto e num cliente.

— Tá. O jovem que acabou de tirar carteira de motorista e um carro popular.

— Ótimo! Escreve aí no papel o nome do produto e do cliente.

Ele escreve.

"Bom aluno!"

Meu pai se movimenta na cadeira. Parece bastante interessado agora.

Eu continuo:

— Pense nas tarefas do cliente, pai.

— Tarefa? Que tarefas, Marcelo? Cliente tem tarefas agora?

— Se coloque no lugar do seu cliente. O que ele faz? Por que motivos ele precisa do seu produto? Se coloque no lugar dele.

Meu pai ri e balança a cabeça. Me olha, rindo.

— Dar em cima das meninas?

— Isso, pai. O que mais?

Ele dá uma boa risada e volta a olhar para o papel.

— Ir em festas, dar carona para os amigos na faculdade e se exibir por aí.

— Pode ser isso mesmo.

— Não é?

Meu pai me olha, com o maior ar de deboche e solta:

— Não foi assim com você?

— Isso já faz muito tempo, pai.

— Mas você me diga, foi ou não foi?

— É, mais ou menos.

— Sei.

Meu pai risca o lado do papel.

— E essas dores aqui?

— Aí, pai, você tem que pensar nos argumentos que seu cliente vai usar para colocar dúvidas sobre a compra do produto.

— Como o quê?

— O que você acha que ele pode usar para não querer comprar o carro?

Meu pai levanta o papel, coloca-o contra a luz.

"Ele está achando que tem algo impresso ali, que só aparece contra a luz?"

Agora ele posiciona o papel bem em frente aos olhos.

Seguro um riso.

"Deixa ele pensar do jeito dele. Está tudo certo!"

— Ele pode dizer que está em dúvida sobre um carro ser melhor que uma moto, porque não conhece a mecânica de um carro.

— Isso, pai, maravilha! E o que mais?

— Ele pode ter medo de bater o carro, por não ter experiência ainda de dirigir.

— E o que mais?

— Talvez ele não queira assumir a responsabilidade de lavar o carro, fazer seguro, documentação. Essas são as dores do cliente.

— Dores, Marcelo?

— Sim, pai. Vendedor. Vende dor! O vendedor vende dor!

— E quem é que compra dor, Marcelo?

— Pai, o vendedor vende a solução para a dor do cliente! Faz sentido, pai. Escreve aí no papel.

Ele coloca sobre a mesa e anota tudo direitinho.

"Uau! É isso. O velho gosta de papéis! Sua forma de aprendizado e interesse passa principalmente pelo visual."

— Agora, pai, pense nos ganhos que esse jovem pode ter, se ele realmente comprar o carro.

— Hum.

— Pense nas vantagens que você pode apresentar para ele, se adquirir o carro, independente das dores, das dúvidas, que tem.

— Eu posso dizer que ele não precisa mais pegar ônibus, Uber ou andar a pé?

— Isso é bom, mas o que mais?

Meu pai põe a mão no queixo e pensa uns segundos.

— Ele vai ter mais tempo para estudar ou ficar com a namorada, vai ouvir música e *podcast* no carro ou enquanto se desloca para algum lugar.

— Muito bom, pai. Algo mais?

— Mais, Marcelo? Você enche o saco dos seus alunos assim também?

— Pai!

Fico olhando para ele. Me defendo.

— Eu não encho o saco, pai. Eu ajudo as pessoas a pensarem por elas mesmas.

Meu pai ri, todo debochado.

"Está me provocando."

Continuo.

— Vai, pai. O que mais?

Faz cara de contragosto, mas o velho responde.

— Digo a ele que vai passar a imagem de um cara responsável, tendo e dirigindo um carro.

Meu velho fica analisando o papel um tempo.

— É, ficou cheio aqui do lado direito.

— Sim, pai, agora temos o perfil do seu cliente preenchido.

Ele me olha.

— E agora, o que a gente faz?

— Agora vamos criar uma conexão com o outro lado.

Ele olha para o outro lado do papel e me encara.

— Com o produto?

— Isso, pai!

— Como você faz isso, Marcelo?

— Primeiro, eu vou aliviar as dores desse cliente, usando as anotações que fiz.

— Hum.

— Se a documentação e o seguro são complicados para ele, pai, é a primeira coisa que irei desmistificar.

— Tem que reforçar o contrário?

— Exato!

— Como, Marcelo?

— Use um contraponto para tudo o que você identificou como sendo dor para ele.

— Bom, bom.

Meu pai anota no papel: despachante da loja, seguro da loja, lava-rápido 24 horas, cursos de mecânica na *internet*.

"Sem eu pedir? O velho estava com saudades de uma aula."

— Você está antenado hein, seu Carlinhos?

— Sempre fui!

Eu rio.

Meu pai põe a caneta na boca e me questiona.

— E agora?

— Os ganhos, pai!

— Os ganhos?

— Sim, depois que você aliviou as dores dele, mostra o que vai ganhar ainda por cima.

— Ah, essa é fácil: vai conquistar as gatinhas, passear de carro, viajar, perder menos tempo no trânsito, ter mais segurança quando sair à noite...

— É isso, pai! É isso!

Meu pai balança a cabeça para cima e para baixo com os braços esticados, admirando suas anotações no papel.

— Gostei disso aqui, Marcelo.

— Viu?

Risos.

— E eu nem fui tão falante como você falou.

Ele me olha por trás do papel:

— Ah, você é falante sim, Marcelo!

— Pai!

Ele ri e acrescenta:

— E desligado!

"Indignado!"

CHECK POINT Nº 3

1- Pense no(s) produto(s) ou serviço(s) principal(is) que você costuma vender. Faça uma lista.

_____

_____

_____

2- Defina o seu cliente principal, a sua *persona* (homem ou mulher, faixa etária, nível social, cultural, econômico etc.).

_____

_____

_____

3- Pense nas tarefas desse cliente principal e escreva abaixo. O que ele quer? Como é o cotidiano da vida dele usando o produto ou serviço específico. O que ele precisa nesse momento, a ponto de ter procurado você e o seu produto ou serviço.

_____

_____

_____

4- Imagine todas as dores possíveis do seu cliente, lembrando que podem ser dúvidas, medos ou receios, problemas reais que ele enfrenta sobre adquirir esse produto ou serviço.

_____

_____

_____

5- Reflita sobre todos os ganhos que o seu produto ou serviço pode gerar ao cliente e faça uma lista analisando quais desses ganhos possuem conexão com o cliente em questão.

_____
_____
_____

6- De que forma as vantagens do seu produto ou serviço melhoram a vida do seu cliente e poderão aliviar suas atuais dores, ou seja, aqui muitas vezes é: como que eu quebro as objeções que o cliente diz?

_____
_____
_____

7- Pense numa lista de criadores de ganhos para o cliente por meio do que o seu produto ou serviço pode proporcionar a ele. Aqui não tem jeito, essa lista precisa ter os diferenciais que você, sua empresa, seus produtos e serviços possuem, para que ele faça uma análise da sua tomada de decisão para seu lado e não do seu concorrente.

_____
_____
_____

8- Agora que todas as informações foram inseridas nos sete itens anteriores, perceba se existe uma conexão da sua oferta com as dores e os ganhos dos clientes pelo *framework* a seguir.

Em vendas, você só consegue gerar valor para o outro se a comunicação da sua oferta de valor estiver em conexão, sintonia e afinidade com as dores que o cliente tem e os ganhos que quer ter, portanto, procure sintetizar tudo o que foi construído nesta proposta de valor percebida, usando a maior quantidade de coisas na quantidade de palavras, no menor tempo possível e no maior nível de persuasão que conseguir.

Para isso, desafio agora a encarar e desenvolver no mínimo de 3 a 5 frases de impacto usando a modelagem a seguir.

- **PARA...** (aqui você deve descrever para quem está vendendo).
- **QUE...** (aqui você deve retirar do exercício anterior as dores do seu cliente).
- **O...** (aqui você vai citar o nome do produto ou serviço que está oferecendo).
- **É...** (aqui você vai citar o que é ou tem esse produto ou serviço)
- **QUE ...** (aqui você vai retirar do exercício anterior quais são as entregas que o produto ou serviço alivia as dores do cliente).
- **DIFERENTE ...** (aqui você pode citar o nome de 1 ou mais concorrentes)
- **ELE ou ELA...** (aqui você retira do exercício anterior no mínimo 2 e no máximo 3 diferenciais que ajudam a trazer ganhos para o cliente e que o concorrente não tem)

Exemplo:

<u>**Para**</u> quem vende alguma coisa ou vive de comissão e <u>**que**</u> não consegue bater suas metas com frequência e aumentar sua renda, <u>**a**</u> imersão de vendas COMISSÃO SEM LIMITES <u>**é**</u> um método de aceleração de aumento de renda único no Brasil, realizado de forma *on-line* e com mais de 12 exercícios práticos, <u>**que**</u> melhoram os processos de vendas, entregam indicadores nas mãos dos participantes, aumentam os níveis de produtividade no campo e da previsibilidade nos resultados. <u>**Diferentemente**</u> de treinamentos de vendas tradicionais que não deixam nenhum legado, <u>**ela**</u> foi testada em mais de 500 empresas nos últimos 15 anos, tem aplicação imediata e garante resultados de aumento de comissão de 20% ou mais em até 60 dias.

META ESPANCÁVEL

Os vencedores investem em bater suas metas;
os perdedores, em botar a culpa
e dar desculpas na meta.

MARCELO BARATELLA

META ESPANCÁVEL

Cena 5

O lho no relógio de parede do meu pai: 00:10.
"Mais de meia-noite? Já? Eu devia ir embora. Será? Ainda não descobri o que aconteceu com a empresa dele."

Olho para o velho. Depois de guardar o documento com a proposta de valor percebida, todo orgulhoso das suas anotações, volta a mexer nos papéis dele.

— Pai?

— Que, filho?

— Até que horas você pretende ficar trabalhando?

— Até a hora que estiver tudo organizado aqui, meu filho.

"Oi?"

Eu olho a bagunça toda ao meu redor e não me conformo.

"Vai levar dias para arrumar tudo isso."

Começa a tocar uma daquelas músicas bem altas e chatas, bem barulhentas mesmo.

— O que é isso, pai? Que barulho é esse?

Ele levanta e responde.

— Meu telefone!

— Eu não acredito, pai.

— No quê?

— Que você colocou uma música brega dessas no seu telefone.

Ele me olha com as duas mãos na cintura.

— Marcelo?

— Hum?

— O telefone é meu!

Eu dou risada e vejo meu pai levantando os papéis à procura do celular.

Eu levanto e faço o mesmo.

— Mas que bagunça.

Conforme a gente procura o telefone, a bagunça vai dando cria.

— Cadê? Cadê? – meu pai fala sozinho, mudando tudo de lugar.

Eu me estico no meio do escritório e tento enxergar alguma luz acesa, mas nada.

O barulho de música chata e irritante continua. Eu provoco.

— Você vai acordar a minha mãe com essa música horrorosa.

— Ela já está acostumada.

— Não acredito.

— E ela gosta.

— Duvido.

De repente, eu penso no mais importante.

— Pai?

— Que, Marcelo?

— Quem é que liga para você a essa hora da noite?

— Não sei, assim que eu achar o telefone e descobrir, eu te falo. Você devia me ajudar.

"Eu mereço."

— Mudando de assunto, pai, quem é que era desligado mesmo?

— Você!

— Não fui eu que perdi o celular numa sala toda bagunçada por mim mesmo.

Meu pai põe as mãos na cintura.

— Quem disse que minha sala está bagunçada?

— Oi?

Eu rio e ele só faz cara feia.

Me aproximo da mesa de trabalho dele.

— Pai, está aqui, na sua mesa.

— Eu já procurei aí, Marcelo, não está.

Eu abro a primeira gaveta e vejo a luz acesa do celular e ouço a música ainda mais alta.

Pego o aparelho e estico o braço para entregar para ele.

— Atende isso, pai, pelo amor de Deus.

Ele pega da minha mão.

— Que música é essa? Ninguém merece conviver com uma coisa dessas.

Escuto o velho falando.

— Alô! Fala, Augusto!

Eu bufo e me sento no sofá outra vez. Meu pai volta para a mesa de trabalho, agora mais bagunçada do que antes. Ele se posiciona bem em frente ao computador.

"Que música é essa? Jesus!"

Dou uma olhadinha nas minhas redes sociais, enquanto meu pai fala ao telefone.

"Mas a essa hora?"

Meu pai continua.

— Você vai vender quanto por esse valor?

Eu paro de olhar no celular e fico prestando atenção.

A conversa segue.

— Hum. Sei. Tá.

"O que será que ele está negociando? E quem é esse Augusto?"

— Pode fazer então. Manda ele ligar para mim, se tiver algum problema. Boa noite.

Meu pai desliga o telefone e digita algo numa planilha.

"Mas que raios?"

— Pai?

— Fala, Marcelo!

— Quem era?

— Um vendedor novo.

— Mas você não falou que estava falindo a empresa?

— Falei.

Silêncio.

"Não acredito!"

— Então, pai, se você está falindo, como pode contratar um vendedor novo.

Meu pai para o que está fazendo e se vira para mim.

— Eu estou falindo, mas ainda não fali.

Ele sorri.

— Eu vou me reerguer, filho.

— Pai!

— Hum?

— Qual a meta do seu novo vendedor?

"Boa, Marcelo! Vamos descobrir o que o velho anda fazendo."

— Vender, Marcelo!

— Como assim, vender, pai? Mas vender quanto?

— O máximo que ele puder, oras.

— Pai!

Ele me olha sério e me imita, todo sarcástico.

— Marcelo!

Eu respiro fundo para não ter um treco.

— Tem que ter meta, pai.

— A meta é vender muito, Marcelo.

— Não, pai.

— Como não, Marcelo?

— Tem que ter métrica!

— Métrica?

— Sim, o vendedor tem que ter um número mínimo a ser atingido.

— Por quê?

— Para ele ter um número a alcançar, é assim que funciona.

— Ah, Marcelo, na minha empresa não é assim.

— Mas deveria ser, né?

Ele fecha a cara e volta para a planilha.

MARCELO BARATELLA

"Quem está falindo não sou eu. E é ele quem me dá as costas?"

Meu pai começa a assobiar mais uma vez.

"Quem é que fica assobiando os Beatles num sábado a essa hora, com a empresa falindo?"

Vou tentar um novo argumento para fazê-lo falar.

— Quer saber o que eu ensino sobre metas, pai?

Ele se vira para mim com um monte de papéis nas mãos e sorri:

— Diga, lá!

Ele coloca os papéis sobre a mesa, aumentando ainda mais a desorganização.

"O trabalho dele não vai terminar nunca, desse jeito!"

Eu respiro fundo e me preparo para a minha explicação, antes que perca ele de novo para a montoeira de papéis.

— A primeira coisa, pai, é entender que objetivo e meta não são a mesa coisa.

Ele vira a cadeira mais de frente para mim e cruza os braços.

— Hum? Não é a mesma coisa?

— Lembra da loja de carros?

— Sim.

— Se essa loja quer aumentar o volume de vendas dela, a gente considera isso como um objetivo.

— Hum.

Ele me encara desconfiado.

— Já a meta é pensar nesse objetivo com prazo e percentual.

Ele permanece calado.

— Para ser meta, pai, eu preciso de data e um número.

— O que se pretende alcançar e até quando?

— Isso, pai.

— É, faz sentido.

Eu me levanto e me aproximo da cafeteira.

— Café, pai?

— Você tá louco, Marcelo? Você não vai dormir hoje.

Eu rio, já preparando mais uma xícara para mim.

— Claro que vou, pai, eu nunca tenho insônia. Durmo como um bebê.

Ele ri e debocha.

— Hoje você vai ter.

Pego a xícara pronta e aprecio o aroma.

Me encosto na janela e volto para a explicação.

— O objetivo pode ser uma vontade da empresa, mas a meta são as atividades que executo para se chegar ao objetivo.

— Hum.

Tomo um gole e decido não pensar mais no horário.

"Minha mulher vai me matar quando eu chegar em casa, mas tudo bem."

— Marcelo?

— Fala, pai!

— Você tem que parar de tomar tanto café, meu filho.

— Pai!

— Quê?

— Preste atenção na minha explicação, por favor.

Ele ri.

— Fala!

— Depois que você entender a diferença entre objetivo e meta, é importante que faça seu time de vendas ter a compreensão da necessidade de se ter uma.

— Hum. E como você faz isso?

"Bom... quem sabe ele está começando a entender que tem que pôr meta para o tal do Augusto."

— Você tem que instigar o seu time e respeitar que cada um terá a própria meta individual, além da meta coletiva.

Ele balança a cabeça.

— É, pode ser. Dar liberdade para eles se testarem?

— Isso, pai, cada um se desafia no próprio tempo, vai se testando.

— Ok.

— A gente trabalha as metas de uma forma emocional, para que os vendedores se sintam envolvidos por ela.

— Mas como?

— Segundo o escritor Mark Murphy, tem quatro pontos.

— Quatro? De novo?

— Foco, pai!

Eu estico o dedo indicador.

— Primeiro: sinceridade com a meta.

— Hum.

— O cara tem que acreditar que aquilo é possível.

— No mínimo.

Eu olho para ele balançando a cabeça, adiciono mais um dedo e prossigo.

— Segundo: animação com a meta.

Meu pai levanta as sobrancelhas e arregala os olhos.

"O que será que ele está pensando?"

Ele pega a caneta e anota alguma coisa no caderno de antes, que estava embaixo de outros papéis agora.

"Por que ele não anota no mesmo papel, se é sobre tudo que estou falando?"

Eu encaro meu pai, mostrando três dedos.

— Terceiro, pai: a necessidade da meta.

— Necessidade?

— Sim, pai, o vendedor tem que ver que ele vai ganhar algo com isso, senão para ele não fará sentido, nem será animador.

— E nem sincero, quem é que corre atrás de uma meta, se não estiver de acordo com ela?

— Pois é. E em quarto, vem o código da dificuldade da meta.

— Como assim, Marcelo? Você inventa muita moda.

— Não é moda pai, é estudo, pesquisa, muito foi feito para se chegar a esses conceitos.

— Sei.

— Tem que ser desafiador, pai. E claro. Tudo isso tem que ser trabalhado na mente do vendedor, pai.

— Tá.

— A gente deixa o caminho trilhado para a equipe, focando nesses quatro pontos.

O velho abaixa a cabeça.

"Será que entendeu?"

— Pai, eu vou te mostrar um papel!"

Ele se estica todo.

Eu me pego sorrindo.

"Meu pai adora papel e eu não sabia. Boa estratégia para lidar com ele."

Eu me sento na cadeira em frente à mesa dele e mostro o meu Canvas de construção de uma meta chamado de 7Rx.

— Olha, pai!

Ele pega o papel na mão e fica olhando com o braço esticado.

"Será que enxerga direito?"

— Meio complicado isso, não Marcelo?

— Imagina meu velho, é muito simples, porque se não for simples não funciona. Eu vou explicar para você. Pegue sua caneta para fazer.

Meu pai segura a caneta e fixa os olhos no papel, agora sobre a mesa.

— A primeira coisa que você tem que definir é o seu prazo.

— Como assim, Marcelo?

— De que data até que data você pretende atingir sua meta.

— Acho que por mês é o mais comum, não?

— Isso, pai, coloca aí.

Ele escreve.

Meu pai me olha, como um aluno de quinta série, esperando o professor dar o próximo passo. Eu me sinto comovido.

— Agora, pai, você tem que definir o seu propósito.

— Propósito, Marcelo?

Meu pai se estica na cadeira, coloca a caneta na boca e fica olhando para cima.

— O que você pretende vender, pai? O que você quer fazer com a sua empresa, produto, serviço? Qual a razão disso tudo?

Ele me encara sério.

— Quero reerguer e minha empresa em no máximo 6 meses.

Eu bato palmas.

— Isso, pai! Isso! Excelente!

Meu pai respira fundo e escreve no papel.

"Que coisa linda!"

Ele termina de escrever e me olha com cara de aluno, outra vez. Eu fico todo emocionado.

— Agora, pai, você precisa escrever o rumo.

— Rumo, Marcelo?

— É, pai, o objetivo. Lembra das lentes objetivas que a Kodak vendia, que dava foco total ao objetivo a ser fotografado. No caso das vendas é igual, o quanto você quer ganhar com tudo isso que vai fazer por mês, estar focado, por exemplo?

— Eu quero pagar minhas dívidas.

"Meu pai está endividado e eu não tinha noção disso. Que tipo de filho eu sou?"

— Tá, pai, quanto você precisa ganhar por mês para pagar suas contas? O que você acha?

— Acho que uns 30 mil por mês durante esses meses é o suficiente.

— Ótimo, escreve aí.

Ele escreve e volta a me olhar.

— O que você vende, pai?

— Você sabe, Marcelo, eu vendo serviços de digitalização de documentos para empresas.

— Tá, mas você deve definir o quanto você vai cobrar por serviço, para saber o quanto vai ter que vender desse serviço para descobrir sua meta.

— Hum.

Ele fica pensando.

— Eu cobro mil reais pelo serviço padrão, o que eu mais vendo.

— Ótimo. Para ter vinte no mês, você vai precisar vender dez mensalmente.

— Isso.

Ele anota e volta a sua pose de aluno.

— E agora, Marcelo?

— Você tem que escolher a rota, pai.

— Rota, Marcelo?

— Isso, rota são os caminhos que você vai ter que seguir para alcançar o seu rumo. No meu método, eu sugiro que você pense em três caminhos possíveis para chegar aonde quer chegar, pois um caminho só não é seguro e menos suficiente para se chegar aonde se quer chegar.

— Como é isso?

— Eu vou te ajudar, te indicando os caminhos que eu faço.

— Hum.

— Plano de prospecção permanente é o primeiro caminho que eu tenho.

— Hum.

— Plano de execução de tarefas consistentes e controle diário dos indicadores via meu *software* de CRM. Esses são os três caminhos que eu aplico.

— Hum.

Meu pai fica apenas me observando, falando "hum".

— Pai, prospecção permanente é a meta de buscar oportunidades de forma contínua para você marcar suas visitas.

— Hum.

— O plano de execução de tarefas consistentes, ou seja, o número (quantidade) e a frequência (período) de vezes que você realiza essas atividades para atingir sua meta de resultados.

— Sei.

— E o controle diário dos indicadores é o acompanhamento que você faz, controlando e registrando cada atividade, para não perder nada de vista e sem deixar de realizá-las.

— Tá, entendi.

— Entendeu mesmo?

— Claro, Marcelo.

"Será?"

— Então escreve aí.

Vejo ele escrevendo e aguardo.

Quando ele para de escrever, eu continuo.

— Em seguida, pai, vem o ritmo.

— Ritmo?

— O ritmo é a execução consistente das atividades em cada uma das suas rotas, pai.

— Dos três caminhos?

— Exato, pai! No primeiro caminho, por exemplo, você deve escolher alguns canais para trabalhar suas prospecções.

— Como é isso, Marcelo?

— Por exemplo, você pode escolher atrair clientes vendas por telefone, por *e-mail*, pessoalmente, por WhatsApp, pelas redes sociais e por aí vai.

Ele anota.

— Hum.

— Você pode, por exemplo, ter um plano de indicação consistente, que são as pessoas que já conhecem o seu trabalho e que recomendam a sua empresa.

— Hum.

— Você também pode usar o LinkedIn para expandir o seu negócio.

— LinkedIn, Marcelo? Eu não tenho.

— Não se preocupe, pai, eu vou ensinar a usar e criar com você o seu perfil.

— Hoje?

Eu olho no relógio e na bagunça a minha volta: 00:25.

— Não, pai, hoje não, porque a minha mulher já vai me matar esta noite. Eu volto aqui amanhã.

— Não falei que era hoje? Se você volta aqui amanhã, ainda é hoje.

Ele ri. E eu dou sequência nos 7Rx:

— Com isso, pai, você tem um excelente plano de prospecção.

— Tá.

— A segunda rota, o plano de execução de tarefas consistentes, é você se organizar e decidir quais tarefas de prospecção, relacionamento e fechamento vai fazer diariamente.

— Como o quê?

— Por exemplo, eu costumo fazer um pré-plano diário das atividades que vou fazer no dia seguinte.

— Tipo sua agenda?

Eu suspiro, contente.

— É, pai, parecido com uma agenda. Planeje sempre tudo trinta minutos antes de dormir com antecedência, assim você não perde tempo no dia seguinte tentando descobrir por onde vai começar e tudo o que vai fazer, você torna o seu dia produtivo.

— Tá, e o que mais?

— Escreve aí, pai.

Ele obedece e volta a me olhar. Então eu sigo.

— Você vai fazer um *follow-up* (acompanhamento) diário de tudo o que você fez, comparando com o que planejou fazer.

— Ainda é como uma agenda, Marcelo.

— Isso, pai, você vai checar o que programou a fazer.

— Bom.

— Por último, neste ponto, é você também fazer um *follow-up* semanal do que deixou de fazer.

— As atividades em vermelho na agenda, que eu não fiz.

Eu rio.

— Você já fazia isso, né, pai?

— Claro.

Rimos. Meu pai abre uma agenda velha em cima da mesa e me mostra.

— E a terceira rota? Vai ter vários passos também?

— Vai, pai.

Ele me olha, em silêncio.

— Você vai colocar o seguinte, se você estiver de acordo.

Eu rio, fazendo uma reverência a ele.

— Você vai alimentar os seus indicadores, diariamente, seja por CRM ou Excel, conforme o que já usa ou vai usar daqui para frente.

— Hum.

— Daí, você vai analisar os seus indicadores diariamente, semanalmente e mensalmente.

— Eu já faço isso.

"Se já faz, o que deu errado com a empresa dele afinal?"

— Então, continue.

— Tá.

— E você vai verificar com tudo isso o poder da ação futura das suas atividades que te levam para onde precisa ir.

— Certo.

— Você percebe, pai, que nesse ponto nós estamos trabalhando a frequência das suas atividades e criando ritmo?

— Sim, diariamente, semanalmente, mensalmente, é a minha agenda!

Ele ri.

— E agora, Marcelo?

— Próximo R, pai.

— Qual?

Ele olha no papel e fala para ele mesmo.

— Recompensa!

— Isso, pai! É o que você ganha com isso que está fazendo, se presenteia, cria uma recompensa para o que faz.

— Sério, Marcelo?

— Claro, pai.

— Sério mesmo?

— Sim, pai. Veja bem. Se permita ficar por exemplo com 20% de comissão, seja reconhecido pelo sucesso que você faz aliviando e resolvendo as dores dos seus clientes e se presenteie a cada excelente *performance*.

— Nunca pensei nisso.

— Pense de agora em diante.

— Por quê?

— Porque você se motiva. E você merece!

— E excelente *performance*, Marcelo?

— É, pai. Imagine que você conseguiu aquele cliente difícil que tanto queria, devido a vários momentos de contato que fez para ele e se esforçou horas tentando convencê-lo?

— É...

— Depois disso, você se presenteia com um valor ou um presente mesmo!

Meu pai bate no peito:

— Eu mereço!

Seguro a barriga de tanto rir.

— Isso, pai, claro que merece, temos que valorizar nossos esforços.

— E o que mais?

— O sexto R, pai: os riscos!

— Hum.

— Aqui você se antecipa a problemas que podem acontecer, mas antes que eles aconteçam, mesmo por que as chances de dar alguma m... são altas.

O velho faz uma pose e fala.

— Um homem prevenido vale por dois.

— É por aí, pai. Pensa em desfalques pessoais, estruturais ou imprevistos do dia a dia.

Ele fala alto.

— Ah, isso eu sei bem como é que é. Eu passei pelos três.

"Ele finalmente vai me contar o que aconteceu?"

— Continue, Marcelo!

Solto o ar que, sem eu perceber, estava preso no peito.

"Não, ainda não."

— Tá, pai. O desfalque pessoal pode ser um vendedor doente, por exemplo.

Meu pai balança a cabeça.

— É, é, doente, faltando, não dando notícias e largando o trabalho sem avisar.

MARCELO BARATELLA

Eu respiro fundo e percebo a insatisfação do meu pai com esse tema. Eu volto para o tema.

— O desfalque estrutural pode ser um carro que quebra, um dinheiro que falta, não ter dinheiro para investir em *marketing* digital e coisas desse tipo.

— Também conheço, Marcelo.

Ele balança a cabeça em sinal de negação.

"O que será que aconteceu com ele afinal?"

— E imprevisto eu nem preciso dizer o que é, né?

Ele mexe a cabeça de um lado para o outro, concordando.

— Sétimo R, pai!

— Diga, lá!

— A rotina do resultado, a consolidação de tudo o que você fez.

— Hum, isso é bom.

— Sim, você pode escrever que quer ver o seu time de vendedores batendo meta todo mês, por exemplo.

— Viva!

— Outra rotina que você pode querer para si mesmo é o controle cem por cento do seu CRM ou da planilha, mas tudo controlado.

— Bom, bom...

— Outra coisa, pai: aumento constante da produtividade do seu time, ou seja, cada um fazendo um pouquinho a mais de ligações, visitas, propostas todos os meses.

— Mas isso é bom demais.

— Não é?

Rimos.

— Outro ponto é o "Kaizen", uma metodologia japonesa que significa melhoria contínua, eu dou possibilidades para que meu time possa melhorar todo dia. E acompanho isso diariamente.

— Sei. Eu conheço!

— Hoje muito melhor do que ontem, pai. E amanhã melhor do que hoje.

Ele arregala os olhos.

— Gostei disso aí, fala de novo?

"O velho está animado!"

— Hoje muito melhor do que ontem, pai. E amanhã melhor do que hoje.

Meu pai escreve atrás da folha, como um aluno típico da época dele. Depois ele passa a caneta amarela por cima, dando destaque.

"Ele gostou mesmo!"

— O que mais, Marcelo?

"A sede de aprender."

— Lembra quando eu falei de ter em mente recrutar um vendedor vinte e quatro horas?

— Ah, verdade...

— Você vai ter isso na sua rotina, pai.

— Mas você acabou de reclamar que eu tenho vendedor novo, Marcelo.

— Eu não reclamei, pai.

— Reclamou sim.

Ele ri.

— Pai!

— Vai, Marcelo, continue.

"Não acredito!"

— Tá. Você não pode ficar na mão dos vendedores. Tem que estar 24 horas aberto para novas contratações. Coloque uma placa na frente da empresa: contrata-se vendedores e deixe lá.

— Eu vou fazer isso! Também gostei dessa ideia!

Meu pai fica rabiscando algumas coisas no papel, como se estivesse dando ênfase ao que considera mais importante.

Eu me sento no sofá e aguardo uns segundos.

— Entendeu tudo, pai?

— Entendi. Mas você vai voltar amanhã para me ajudar, não vai?

— Se bobear, vou dormir aqui.

— Ah, não vai não.

— Credo, pai, por que não?

— Já pensou na braveza da sua mulher comigo, se você não volta para casa?

— Hum.

— Melhor evitar.

"Não é que ele tem razão?"

Estralo o pescoço e penso:

"Será que eu tomo mais um café?"

CHECK POINT Nº 4

Convido-o agora para construir o exercício da meta 7Rx, com o objetivo de superá-la todos os meses.

Toda meta necessita ter um prazo para ser alcançada, portanto lembre-se de que o primeiro passo é colocar a data que pretende iniciar esse projeto e por quanto tempo trabalhará nele, até repetir esse mesmo processo em um novo período. Por exemplo, do início até o último dia do mesmo mês.

1- Razão! Qual é o seu propósito com esse projeto? Qual é o porquê? O que vai arrepiar o pelo do seu corpo, arregalar seus olhos, bater seu coração mais acelerado? Ser o melhor vendedor da história da empresa? Atingir um patamar de X vendas ou Y valor? Escreva o que te move nessa jornada. Nesse momento, pense em algo que envolva sua família ou que você ama, funciona muito.
Ex.: *O meu propósito na jornada da minha meta espancável é...*
_____
_____
_____

2- Rumo. Aqui tem a ver com objetivos. Aonde quer chegar? Quanto dinheiro quer ganhar com isso? Ou aumento em porcentagem de vendas? (aqui é a hora de colocar valores em dinheiro ou em volume de vendas).
Ex.: *o rumo do meu projeto na jornada da minha meta espancável é alcançar R$... em volume de vendas no mês.*
_____
_____
_____

3- Rotas. Por quais caminhos pretende atingir sua meta? Defina 03 caminhos para você seguir, como eu usei no meu exemplo anterior:

1) plano de prospecção, 2) plano de execução de tarefas consistentes e 3) acompanhamento do CRM para controle das minhas atividades (aqui é somente citar os caminhos e não colocar as atividades, ok?).
Ex.: *As rotas na jornada da minha meta espancável são:*

Rota 1:_____
Rota 2:_____
Rota 3:_____

4- Ritmo. Defina que atividades farão parte desse trabalho. Aqui está um código poderoso do sucesso em vendas, onde você vai colocar 3 atividades por rota criada. Atenção! Para cada atividade, obrigatoriamente deverá colocar quantas vezes vai fazer cada uma delas e em qual frequência (hora, dia, semana, mês, trimestre). A dica que dou, em termos de frequência, é tentar colocar as atividades do dia, pois fazer todo dia alguma coisa que te leva ao ponto desejado gera mais efetividade.
Ex.: *Os ritmos que quero ter na jornada da minha meta espancável são:*

ROTA 1
Ritmo 1:_____
Ritmo 2:_____
Ritmo 3:_____

ROTA 2
Ritmo 1:_____
Ritmo 2:_____
Ritmo 3:_____

ROTA 3
Ritmo 1:_____
Ritmo 2:_____
Ritmo 3:_____

5- Recompensa. Como recompensará a si mesmo por cada meta alcançada? Pense numa comissão de vendas ou um presente de verdade. Mas não deixe de prestigiar o próprio esforço. Motive-se! Aqui você deve colocar coisas de valor, dinheiro, comissão, bens materiais, viagens, sei lá. Descreva coisas tangíveis, que possa um dia tocar e curtir.
Ex.: *A(s) recompensa(s) que quero ganhar na jornada da minha meta espancável é/são:*
_____
_____
_____

6- Riscos. Calcule os riscos, pense sobre eles, antes de chegarem. Assim, estará preparado. Aqui você tem que descrever de forma bem sincera e específica quais as coisas que podem dar pau ao longo da sua jornada de alcance das metas, as pedras no sapato que podem não acontecer.
Ex.: *Os riscos que podem ocorrer ao longo da jornada da minha meta espancável são:*

Risco 1:_____
Risco 2:_____
Risco 3:_____

7- Rotina do resultado. Aqui é a consolidação do seu processo, como quer que as coisas aconteçam para sempre, a rotina do resultado é como se a cada período isso deveria acontecer. Exemplo, eu tenho como rotina de resultado ter a minha equipe batendo metas antes mesmo do mês acabar, ou tenho como rotina de resultado ter 100% das atividades dos meus clientes alimentados no meu CRM.

Ex.: As rotinas de resultados que quero ter na jornada da minha meta espancável são:

Rotina 1: _____

Rotina 2: _____

Rotina 3: _____

O MÉTODO MEMORÁVEL DE VENDAS

"Há pessoas menos qualificadas do que você fazendo coisas que querem fazer simplesmente porque decidiram aprender a fazer."

JACK MA
(Fundador do Ali Baba)

O MÉTODO MEMORÁVEL DE VENDAS

Cena 6

Quase uma da manhã e eu continuo no escritório do meu pai. Me jogo no sofá e suspiro.

"Minha mulher vai me matar hoje."

— Que foi, Marcelo?

— Tá meio tarde, pai.

— Vai embora, ué!

— Que grosso, pai!

Ele ri.

De repente, aquela música horrorosa volta a tocar.

— Pelo amor de Deus, pai, atende logo esse negócio.

Eu tapo os ouvidos com as duas mãos.

Ele se levanta, olha para mim e dança, sorrindo.

"Eu não acredito!"

— Perdeu o celular outra vez, desligadão?

Eu tiro uma com a cara do velho agora.

— Eu não sou desligado! – meu pai responde e procura o celular na bagunça.

Dessa vez eu fico parado, continuo tapando os ouvidos e fico só observando.

"Me recuso!"

— Achei! – meu pai diz, levantando alguns papéis e atendendo o bendito celular.

"Ufa, a música parou!"
— Fala, seu Eurico!
"Eurico? Quem é esse agora?"
Destapo os ouvidos e fico atento à conversa.
Meu pai continua.
— Hum, sei... peraí.
Ele se senta e olha na tela do computador.
— Por quanto você quer fazer?
Ele mexe numa planilha e segue.
— Em quantas vezes? Hum..., sei.
"O que o meu pai está negociando, meu Deus do céu? Sinto cólicas de nervoso. A essa hora da madrugada? Quem é que vende digitalização de documentos num sábado a uma hora da manhã?"
O velho fica de bate-papo.
— E seu filho, parou de ver o time dele perder ou não?
Ele dá uma gargalhada alta.
"E eu esperando a atenção dele para descobrir o que aconteceu."
Falo sozinho.
— Deixe eu avisar minha esposa logo, antes que ela venha me buscar pela orelha.
Pego o celular e digito.

[01:02] Marcelo: Amor, estou na casa do meu pai ainda. Não demoro!

Olho para ele, que continua tagarelando.
— Oi? Você fez churrasco com essa pandemia? E nem me convidou?
Ele ri.
Meu celular vibra.

[01:03] Minha mulher: Traga pão quando voltar!

— Ai, meu Deus! O que isso quer dizer?
"Ela realmente quer pão ou está sendo sarcástica? O que eu faço?"

— Hum - penso com meus botões.

[01:04] Marcelo: Quantos pães, amor?

Volto a olhar para o meu pai, que agora está com as pernas cruzadas e os pés sobre a mesa, em cima de uma pilha de papéis.

"Eu juro que não acredito. É mais de uma da manhã, véio!"

Ele continua.

— Você viu a mulher da propaganda da churrascaria? Aí que ninguém vai mesmo.

Ele cai na gargalhada.

"Do que ele está falando? E diz que eu que falo pelos cotovelos ainda por cima!"

Eu checo o celular.

Vácuo!

"Acho que não é para comprar pão."

Seu Carlinhos finalmente se lembra da vida.

— Boa noite, então, Eurico, eu tenho que despachar o Marcelo que está aqui e não para de falar.

"Hein? Eu? O quê?"

Meu pai desliga o telefone e tira os pés da mesa. A pilha de papel ficou suja com a marca do sapato dele.

"Bem-feito. Não me dá atenção!"

Meu pai me olha.

— Ué, Marcelo, você está aí ainda?

— Pai!

Ele fica em silêncio olhando para a minha cara.

— Pai!

— O que, Marcelo?

Ele volta a assobiar.

Eu bufo.

— Quem é esse Eurico?

— Um cliente!

— Cliente a uma da manhã?

Ele fica sério, apoia o cotovelo na mesa e estica o dedo indicador na sobrancelha.

— Se eu tenho que estar atento e contratar novos vendedores vinte e quatro horas por dia, por que não fazer o mesmo pelos clientes?

"Me ferrei!"

— Tá certo, seu Carlinhos, tá certo. Só é um pouco fora dos padrões.

Ele assobia de novo e mexe nos papéis.

"Como eu volto no assunto? Hum, já sei!"

— Pai, como você calcula quantos clientes tem que conversar no mês?

— Como assim, Marcelo?

— Como você controla seu funil de vendas?

Ele gira a cadeira e para bem na minha direção.

— Funil de vendas?

— Sim, pai, você deve ter um método para controlar seu funil de vendas, a quantidade de clientes que precisa entrar em contato, para fechar um determinado número de vendas por mês.

Ele cruza os braços e põe uma mão no queixo.

— Como é que é isso, Marcelo?

Eu me levanto e fico andando de um lado para o outro.

— Veja bem, pai, me fala uma média de quantas vendas você faz por mês para o seu serviço principal?

— Três!

— Tá, três! Bom. Agora me diz, com quantos clientes você fala por mês para conseguir fechar essas três vendas?

— Ahhhh, uns trinta?

— Por que, Marcelo?

— Por que eu vou tentar explicar da forma mais simples possível esse método memorável de vendas, ok?

— Hum.

— Digamos que se você fala com trinta clientes para fechar três vendas por mês, isso significa que a taxa de conversão do seu funil de vendas atual é de 10%.

MARCELO BARATELLA

Ele me olha com a mão no queixo e balançando o corpo na cadeira. Eu prossigo.

— Se você quer aumentar o seu lucro, sem mexer no preço, com essa informação, sabe exatamente o quanto deve aumentar seu esforço no seu funil de vendas para aumentar o seu resultado.

Ele me olha em silêncio.

"Acho que ainda não entendeu!"

— Veja, pai. Uma das formas que existem de dobrar suas vendas é aumentando o esforço concentrado no número de oportunidades do seu funil.

— Falo com sessenta clientes então?

— Isso! – bato uma mão na palma da outra.

Meu pai procura o caderno onde fez as outras anotações e escreve alguma coisa. Volta a olhar para mim.

— Entendi. Gostei! Vou contratar alguém para entrar em contato com mais clientes por telefone.

— Isso, pai, é isso mesmo.

"Ele entendeu!"

Se você controlar a boca do seu funil de vendas, o que chamamos de oportunidades ou *leads*, os clientes ou *prospects* com quem fala mensalmente, já poderá prever o quanto ganhará no final do mês.

— É, faz sentido.

— É claro que faz, pai.

"Tenho uma ideia!"

— Brilhante, brilhante! – penso alto.

— Eu sei que sou brilhante, Marcelo!

— Pai, você é muito convencido, isso sim.

Ele ri.

— Seu Carlinhos, eu tenho um convite para fazer para você.

Ele olha no relógio.

— A essa hora?

— Pai!

Ele me olha.

— Estou falando sério!

— Fala, Marcelo. Diga lá!

— Você quer participar do meu curso onde eu ensino tudo sobre gestão de *pipeline* ou como chamamos no Brasil, Funil de Vendas?

— Eu?

— É, pai.

Ele entorta o pescoço e balança a cabeça positivamente.

— É, acho que eu quero. Eu não vou ter que pagar para ver você tagarelando, não, né?

"Eu não acredito!"

— Não, pai, é um presente. E eu não fico tagarelando, eu ensino meus clientes um método único de construção do seu funil de vendas, que aumenta as vendas consideravelmente com mais previsibilidade.

— Sei.

— Você não está acreditando?

— Deve aumentar, né? Se não, você não teria tantos clientes como tem.

"Eu juro que não acredito!"

— Pai!

— Quê?

— Preste atenção!

Ele me olha sério, eu aproveito.

— Funil de vendas é uma metodologia que surgiu nos Estados Unidos em 1898, quando Elias Elmo Lewis cita pela primeira vez o modelo estrutural de vendas chamado AIDA, no qual o cliente passava por uma jornada de compra completa. Anos depois, a indústria absorve essa metodologia e utiliza na busca de clientes, originando o termo *pipeline sales* que, em português, traduzimos para funil de vendas.

— Hum.

Eu continuo.

— A metodologia AIDA (Atenção – Interesse – Decisão – Ação) consiste na sistematização dos processos de vendas, do momento em que o vendedor realiza o plano de prospecção até a oportunidade de percorrer todas as fases e chegar ao fechamento da venda. Ou seja, com ele consegue estruturar o processo de vendas da sua empresa e ter um controle maior sobre o departamento comercial, dando direção à equipe para cumprir a meta.

— Hum.

— E o que aconteceu comigo, pai, foi que comecei a estudar essa metodologia a fundo e me tornei uma das maiores autoridades para ensinar esse método no Brasil e em outros países. A partir daí, baseado em anos de estudos que tive em mais de 3.500 processos que conheci, analisei, testei. Pai, é algo arduamente trabalhado e que tem resultados incríveis, quase que inacreditáveis!

— Hum.

Meu pai não está me levando a sério.

"Já sei!"

— Lembra aquele carro que eu disse que ganhei como prêmio no ano passado?

— Sim, mais ou menos, achei que tinha sido parte do pagamento.

— Não, pai.

— Não?

— Não! O dono da empresa me disse que se o funil de vendas que eu ensinei para ele aumentasse 50% por cento das vendas em um mês, eu poderia escolher um carro, que ele me daria de presente.

Agora seu Carlinhos me olha sério.

— Fala sério, Marcelo?

— Seríssimo, pai!

Ele balança a cabeça.

— Eu vou nesse curso aí, que dia que é?

Eu rio.

"Finalmente!"

— Você vai no mínimo dobrar suas vendas em menos de 60 dias, pai!

— Ótimo! Estou precisando!

Eu abro um sorriso de alívio, de orelha a orelha.

Suspiro.

— Mas eu não vou te dar carro nenhum, Marcelo!

"Eu não acredito!"

— Pai, eu não quero carro, quero ajudar você!

— Hum. Sei.

Ele volta a assobiar.

Seu Carlinhos levanta e vai até a cafeteira.

"Será que ele vai tomar café, depois de chamar a minha atenção para não tomar?"

Ele fica mexendo na garrafa e depois na caixa de filtro de papel.

"Já sei!"

— Pai, pega um filtro de papel!

"Já que ele adora papel..."

— Por quê?

— Vamos desenhar seu funil no filtro de papel!

Ele me olha desconfiado, mas pega um filtro e senta outra vez.

— Filtro e caneta na mão?

— Pois é...

Eu me levanto e pego a caneta dele para desenhar no filtro.

— Primeiro, pai, deixe eu fazer o início do desenho para você.

— Tá.

Eu desenho e falo ao mesmo tempo.

— Inicialmente, vai ficar mais ou menos assim.

— Ele tem mesmo o formato de um funil?

— Tem sim, pai.

— Hum.

Seu Carlinhos levanta o funil e fica olhando contra a luz.

— E depois, Marcelo?

Pai, tenta lembrar em média quantos serviços você vendeu nos últimos 12 meses?

— Já te disse que uma média de 3, mas por quê?

— Por enquanto não interessa, pai, só me responde o que eu te perguntar.

— Ok, sabe tudo...

— E o *ticket* médio de cada venda?

— Você diz a média que eu vendo cada serviço?

— Sim, pai.

— Ora, depende...

— Como depende, pai. O valor é médio, é estatístico, não pode depender de nada, divide a quantidade de vendas mês, pelo número de meses trabalhados.

— Ah, claro, você quer saber o número médio do valor de vendas em média por serviço vendido?

— R$ 10.000,00.

— *Yes*, meu velho! Então, se multiplicarmos esses R$ 10.0000,00 do *ticket* médio por 3 vendas convertidas, você deve estar faturando R$ 30.000,00 por mês certo?

— Sim, mas esse valor não paga minhas contas pessoais e do escritório, meu filho. Preciso vender R$ 60.000,00, dobrar essa meta para minha vida dar uma guinada novamente.

— Deixe comigo, vamos desenhar a estratégia nesse papel de filtro de café em 5 minutos para dobrar suas vendas em 60 dias.

— E eu vou ganhar um carro também, Marcelo?

— Vou pensar no seu caso. Rimos juntos.

— Tá. E agora?

— Pai, precisamos montar rapidinho as etapas da sua venda.

— Como assim, Marcelo?

— Você necessariamente precisa prospectar, marcar visitas de apresentação do serviço para seu futuro cliente; depois, enviar uma proposta e, finalmente, negociar as condições comerciais. Faz sentido isso que acabei de concluir?

— Matou a pau, meu garoto. É isso mesmo!

— Então, vou chamar essas etapas de prospecção, visitas e negociação, tá legal?

— Tudo bem, mas onde está escrito aí nesse filtro de café que vamos dobrar minhas metas?

— Calma, cocada... paciência um pouco.

— Agora que eu já seu sei seu objetivo de vender R$ 60.000,00, vamos de menos conversinha e mais conversão.

Meu pai senta, literalmente, no chão da cozinha com o filtro de papel na mão como me dizendo vai fundo que o negócio parece que vai ser interessante.

— Vou te fazer 3 perguntas agora que eu sei que o senhor não vai saber muito bem me falar, mas me dê pelo menos uma estimativa. Pode ser?

— Manda bala, filho.

— São perguntas que vão nos ajudar a entender quantas oportunidades na boca do funil o senhor vai precisar para fechar os R$ 60.000,00 por mês.

— Pergunta logo, inferno.

— Pai, de cada 10 negócios que entram em negociação por mês, quantos o senhor fecha em média?

— Me deixe pensar, uns 3... - risos.

— Opa, então sua taxa de conversão de negociação para fechamento é de 30%, ou seja, se eu dividir R$ 60.000,00, que é o faturamento que o senhor quer, pelos R$ 10.000,00 de *ticket* médio, teremos 6 vendas em vez de 3, certo?

— Óbvio, filho, pois dobraria as 3 vendas que faço hoje.

— Bingo! E se eu dividir essas 6 vendas por 30%, você teria que fazer 20 negociações por mês, trabalhando 22 dias úteis por mês, estamos falando de menos de 1 proposta por dia.

— Acha que consegue isso?

— Tá maluco, tranquilo, meu filho. Eu trabalho 15 horas por dia esqueceu?

— Então me fala outra coisa, quantas dessas visitas que o senhor faz por mês, normalmente o senhor converte em propostas.

— Opa, nisso eu sou bom de lábia, normalmente 50%, umas 5.

— Então, pai, eu tenho outra notícia para o senhor, dividindo 20 propostas por 50%.

Meu pai interrompe pulando feito um garoto.

— Vou precisar de 40 visitas por mês... Caraca, umas 2 por dia, fácil, extremamente fácil, para você e eu e todo mundo vender junto...

O doido começou a cantar a música do Jota Quest agora e paramos tudo para dar risada.

— Posso terminar essa história de dobrar a meta ou quer que eu continue amanhã?

— Não filho, a última pergunta quem vai fazer sou eu para mim mesmo.

— Seu Carlos Baratella, a cada dez clientes prospectados, quantos consegue marcar uma visita dentro do mês?

— Isso mesmo, pai, matou a pau na pergunta. Era isso mesmo que eu ia te perguntar.

— 30%, meu amado filho, 30 por cento.

— Dividindo as 40 visitas por 30% eu precisarei de prospectar 06 oportunidades por dia. Bem desafiador, mas com muita força de vontade e trabalho duro, eu vou fazer o meu melhor.

— Sabe, pai? A vida de vendedor às vezes é sofrida, porque a maioria nunca sabe o que vai ganhar no fim do mês, mas acho que agora o senhor passa a ter mais previsibilidade dos seus números.

— E posso te contar mais um segredo? Com esse método memorável de vendas, o senhor terá uma boa noção se vai conseguir ou não bater a meta do mês.

— É verdade, filho.

— E também quantas vezes poderá falhar para mesmo assim chegar lá.

— Oi? Agora não entendi nada, filho. Minha cabeça já fritou.

— Pai, olha só. Se você vai ganhar 6 negócios e ter que prospectar 133, então o que sobra disso desse montante são 127 negócios perdidos.

— Caramba, filho, eu tenho que ser muito ruim para ser muito bom... – risos.

— Nossa, acho que eu vou para o escritório agora mesmo.

— Mas pai, é madrugada. Está doido.

— Imagine Marcelo, já ouviu a expressão quem madruga, Deus ajuda?

— Pai, não seria Deus ajuda quem cedo madruga?

— Rimos juntos encostados um no outro em uma mistura de satisfação pela descoberta e cansaço.

— Semana que vem, pai, quarta-feira!

— O que tem semana que vem, Marcelo?

Olho no relógio, quase duas da manhã.

"É o cansaço, só pode ser."

— O curso, pai, quarta-feira.

— Ah, sim, deixe eu colocar aqui na minha agenda.

Ele abre a agenda velha e anota com a caneta.

— E onde é?

— Pai, é *on-line*! O mundo é *on*, papai, o mundo é *on*!

Ele anota e comenta.

— Eu nunca fiz curso *on-line*.

— Ótimo! Você vai gostar!

— Vai ser *top* das galáxias?

Eu rio.

— Vai, pai! É isso aí!

O velho levanta e se aproxima da cafeteira, pega uma xícara e depois desiste.

— Vai dar insônia, pai?

— Marcelo?

"Olha ele mudando de assunto depois de ser pego em contradição. Seu Carlinhos, seu Carlinhos..."

— Quê?

Ele se afasta da cafeteira.

— O que você fala tanto nesse curso mágico, afinal?

— Eu vou ensinar o melhor método de vendas que você já conheceu na vida!

— Modesto você, não?

— Mas é verdade, pai. Eu comprovo isso com todos os meus clientes.

Ele balança a cabeça e se senta.

— Mas o que é que você fala no curso?

— Dentro do método, eu falo mais sobre taxas de conversão internas e regras de transição.

— Hum.

Eu continuo.

— Taxas de conversão internas e externas.

— Hum.

— E como ter domínio completo sobre essas taxas.

— Só isso?

— Com isso, pai, você vai entender como eu ensino quais atividades e com que intensidade eles deverão fazer logo nos primeiros dias do mês.

Seu Carlinhos suspira.

— Pai!

— Que, Marcelo?

— Vamos fazer assim. Primeiro você vai participar do curso quarta--feira comigo; depois, você vai me dizer se é só isso.

— Tá bom, mas parece pouco.

— A grande verdade, pai, é que a excelência está na simplicidade, naquilo que é simples.

Meu pai balança a cabeça afirmativamente e eu prossigo.

— Sabe, pai? Eu confesso que com todos esses anos, até eu mesmo me surpreendi.

— Como assim, Marcelo?

— Foram mais de 3.500 processos estudados, mais de 150.000 pessoas treinadas. É muito conhecimento envolvido, muito estudo, muitos testes de campo, muitos clientes pesquisados, analisados, que funcionaram como parceiros nessa trajetória.

Meu pai está atento, em silêncio e imóvel.

"Eu consegui sua atenção!"

— Sabe, pai, tudo o que conseguimos fazer com simplicidade costuma ser o que as pessoas mais gostam, porque a vida, o dia a dia, tudo o que fazemos tem suas dificuldades naturais.

— É, isso é.

— Então, pai, esse conceito de simplicidade e excelência serve para tudo na vida, em todos os pequenos detalhes, em qualquer âmbito: profissional, pessoal, familiar, até na academia, para combinar uma roupa, para fazer uma agenda, tudo!

Meu pai olha para a roupa dele e comenta.

— É, eu precisei de quarenta anos e da sua mãe para entender que é a melhor combinação de roupa só precisa de 2 cores, e um sapato que não esteja furado.

"Eu não acredito."

Meu pai cai na gargalhada.

— Você não leva nada a sério, pai?

— Desculpa, Marcelo, eu entendo o que você quer dizer.

— Entende mesmo?

— Sim, Marcelo. Um bom restaurante pode fazer comidas exóticas, misturar ingredientes desconhecidos e mirabolantes e até ter um bom resultado, mas a melhor comida costuma ser a mais simples.

Suspiro, aliviado. Ele continua.

— Como tudo na vida, só que para chegar nessa simplicidade, o cozinheiro ou *chef* de cozinha leva anos testando dezenas de pratos e misturando dezenas de ingredientes.

"Uau."

Balanço a cabeça e me movimento no sofá, alongando meu corpo.

— Fico feliz, pai, acho que você entende mesmo o que quero dizer.

Ele segue.

— Um bom escritor, por exemplo.

— Hum.

— Um bom livro, Marcelo, você lê e entende com facilidade. Se você pega um livro com palavras difíceis, uma história complicada, sem estrutura, você não consegue ler. Mas se pega um livro fácil, vai ler do início ao fim.

— Isso mesmo, pai. Só que, para um escritor chegar nesse nível de simplicidade, de excelência, às vezes leva mais de uma década.

Percebo que estamos coincidentemente na mesma posição. Eu e meu pai estamos de pernas abertas esticadas para frente com os braços sobre as pernas, mãos entrelaçadas virando o dedão um em volta do outro.

"Como é que pode?"

— Foram anos de estudo. Eu tenho muito orgulho disso.

O velho muda de posição, dobra os joelhos, joga o corpo para frente, cotovelo sobre as pernas, mãos entrelaçadas, me encara.

— Eu também tenho o maior orgulho de você, filho.

Meus olhos ficam lacrimejados.

"Eu não contava com isso. E agora? O que eu faço?"

— Não precisa fazer nada, Marcelo. Eu sei como você fica sem graça com elogios.

"Meu pai sabe mais sobre mim do que eu?"

Por isso, eu faço questão de estar aqui, entender o que está acontecendo e ajudá-lo. Quase tudo que eu sei e que eu sou eu devo a ele.

Respiro profundamente, sentindo um daqueles raros momentos de plenitude na vida, quando tudo se encaixa, se conecta e faz sentido.

Meu pai simplesmente volta para os papéis.

E eu simplesmente me sinto feliz.

CHECK POINT Nº5
VOCÊ TEM UM MÉTODO DE VENDAS MEMORÁVEL?

Siga o passo a passo como fiz com meu pai e terá clareza do que fazer e com que intensidade do GPS das suas vendas.

1. Qual sua meta de resultado em R$ bruto por mês?_____.

2. Qual o *ticket* médio bruto de cada venda em R$ por mês _____?

3. Qual o número de negócios que precisa converter (só dividir a meta de resultados pelo *ticket* médio)?_____.

4. Quais serão as 3 etapas do seu processo comercial. Necessariamente, essas etapas precisam ser de prospecção, relacionamento e fechamento. (Ex.: prospecção, visitas e negociação).

Etapa 1:_____

Etapa 2:_____

Etapa 3:_____

5. Quais serão os seus principais canais de atração em vendas (prospecção) de novas ou atuais oportunidades? Marque apenas os 5 mais importantes.

( ) LinkedIn
( ) Facebook
( ) Instagram
( ) SEO Google
( ) YouTube

( ) WhatsApp
( ) Feiras e eventos
( ) Parcerias
( ) Local físico
( ) SMS
( ) Telefone
( ) Mala direta
( ) E-mail
( ) Sinal de fumaça
( ) Outro _____.

Brincadeiras à parte, é importante pensar em todas as opções existentes, para que você não deixe nenhuma oportunidade de lado. Aprenda a explorar, ao menos testar as possibilidades dentro do seu trabalho.

6. Calcule quantas oportunidades você precisa ter na boca do seu funil de vendas para fechar um negócio (basta pegar a quantidade de negócios convertidos) e dividir pela quantidade de oportunidades na boca do funil e dividir por 100 (sugestão: faça testes da quantidade de prospecções que consegue fazer por dia útil e faça o cálculo até chegar a um valor que possa fazer todos os dias).

% _____.

7. De que maneira vai controlar seu fluxo no Funil de Vendas?

( ) Agenda
( ) Planilha em Excel
( ) Caderno de anotações
( ) CRM de mercado (o que eu sugiro)
( ) Papel de pão
( ) Outro _____.

PLANO DE PROSPECÇÃO PERMANENTE

Faça do processo de prospecção de clientes um estilo de vida e tenha mais e melhores vendas.

MARCELO BARATELLA

PLANO DE PROSPECÇÃO PERMANENTE

Cena 7

Eu olho no relógio: 02:30.

Me espreguiço e bocejo.

— Ah, que sono.

"Minha mulher vai me matar!"

— Vai embora, Marcelo, já falei.

"Eu não acredito!"

— Pai?

— Hum.

— Pare de me mandar embora da sua casa.

— Não estou te mandando embora da minha casa, estou aconselhando você a voltar para a sua.

Ele ri.

"Espertinho!"

— Eu já avisei a ela que estou aqui.

Ele puxa a cadeira para o lado dele.

— Vem aqui, Marcelo.

"Opa!"

Eu me levanto e me sento ao seu lado.

Ele me mostra uma planilha no Excel.

— O que é isso, pai?

— Minhas prospecções de vendas.

— Tá.

Eu pego o *mouse* e analiso detalhadamente.

— É, pai, tá mais ou menos.

Ele me olha de lado.

— Como assim, mais ou menos, Marcelo?

— É..., é bom que você faz seus registros de contato, mas dá para melhorar. Quer ver como é que eu faço?

— Quero!

Eu me levanto, pego a minha pasta e puxo mais um documento: a prospecção de vendas.

"Já sei que meu pai adora papel. É irresistível para ele."

— Olha aqui, pai!

Eu me sento ao seu lado e entrego o elixir em suas mãos.

"Para quem ama papel, isso deve ser uma loucura."

— Pai, para que serve a prospecção de vendas na sua percepção?

Ele fica olhando o papel e me olha, desconfiado.

— Para catalogar novos clientes?

— Hum, mais ou menos, pai.

Ele joga o corpo para trás.

— Então, como você define isso?

— O objetivo da prospecção de vendas é encontrar e qualificar potenciais novos clientes e encher a boca do funil para uma abordagem comercial e dobrar suas vendas lembra? Conseguir falar com as 133 oportunidades para fechar suas 6 novas vendas por mês.

— Hum.

— Para isso, pai, você tem que gerar uma lista de oportunidades.

— Sei.

— E tem que seguir o fluxo de cadência desse processo.

— Como assim, cadência?

— Cadência é a sequência de atividades que você tem para fazer com quantidade de vezes e frequência, pai.

— Me explica isso melhor, Marcelo, tô com sono.

— Eu também.

Olhamos um para a cara do outro e caímos na gargalhada.

— Do que você está rindo, pai?

Continuamos rindo.

— Eu estou rindo da gente aqui, de madrugada, estudando vendas.

Os risos continuam.

— E tem hora para estudar vendas, pai?

Não consigo parar de rir, nem ele.

— Se não tem hora para contratar vendedor nem para falar com o seu Eurico, eu acho que está muito bom estudar vendas num sábado de madrugada.

Eu seguro a barriga de tanto rir, nem sei por que estamos rindo tanto, acho que é o cansaço.

— Pai?

— Quê?

— Preste atenção!

Ele me olha sério e eu volto à prospecção.

— O que você acha que pode incluir nesse fluxo de cadência?

— Eu vou saber, Marcelo? Já te disse que tô com sono?

— Pai?

— Hum.

— Você não vai me mandar embora agora, vai?

— Não, mas não me pede para responder pergunta difícil.

Ele respira fundo e alonga os braços para cima, tentando acordar.

— Tá, mas presta atenção.

— Tá.

— O que você acha que pode entrar nesse fluxo de cadência?

Ele só olha e eu completo.

— Pesquisa, ligações, *e-mails*, interações em redes sociais, WhatsApp etc.

— Tá, meio chato, mas tudo bem.

— Pai, não tem como você fazer prospecção de vendas sem sujar as mãos.

Ele suspira.

— Sujar as mãos, Marcelo?

— É, pai, tem que pôr a mão na massa.

— Tá.

Eu me levanto e ando na sala, explicando para ele com mais movimento.

"Assim, ele não dorme!"

— Essa é a etapa do processo de vendas que mais demanda tempo e energia, é o principal foco que deve ter para aumentar as suas vendas, tudo começa aqui.

— É, faz sentido.

— Faz, pai. Essa parte do processo não depende de sorte ou de intuição, mas de trabalho mesmo, não dá para fugir.

— E quem quer fugir?

— Alguém que está com sono, por exemplo?

Ele ri.

— Vai, vai, Marcelo, fala logo.

— Tá.

Eu rio e continuo.

— É aqui que você aumenta seus *Leads*, pai, encontrando os clientes em potencial para a solução que vende, você não vai vender para qualquer um.

— Sim, vou vender para quem precisa do meu produto.

— Exato!

Dou mais uns passos e paro na frente dele.

— Depois que você fala com um cliente em potencial, já criou um prospecto, passou do cliente em potencial para um *Lead* e uma pré-venda.

— Sim.

Meu pai ajeita os ombros, tentando se manter acordado outra vez.

— Tem um ponto chave para um pré-vendedor prospectar.

— Minha Nossa Senhora, Marcelo.

— Que, pai?

— Você inventa muita moda.

Coloco as mãos na cintura.

— Não é moda, pai, é técnica, conhecimento, método!

Ele balança a mão no ar.

— Tá, tá, tá, continua.

"Eu não acredito!"

— Primeiro, pai, você tem que trabalhar na lista de potenciais clientes para ter mais qualidade assertividade, assim para pescar de rede e passa a pescar grandes peixes de arpão.

— Hum.

— Segundo, você tem que ter um discurso planejado para encantar seus clientes.

— Sim, claro.

"Quer ver ele dizer que é óbvio?"

— É óbvio.

Eu rio. Mas volto para a explicação.

— Registre as informações de forma detalhada, assim, quando você ou o vendedor entrar em contato com esse cliente, já saberá mais sobre ele. O que ajuda demais no processo. Depois disso, você agenda uma reunião.

— Certo.

Sento de novo ao lado dele.

"Ele me parece mais acordado agora!"

— E vendas internas, pai!

— Como é isso?

— Você tem que enraizar o início do seu processo de vendas dentro da empresa.

— Como, Marcelo?

Fazendo vendas por telefone, *on-line*, mandando *e-mail* e tudo o que fizer de dentro da empresa, o que permite fechar uma venda muitas vezes, sem visitar o cliente.

— Isso é bom. Economiza tempo e dinheiro.

"Maravilha!"

Ele acrescenta.

— Pois é. Aumenta a produtividade, lucro e resultados.

— Todo esse processo mudou muito com a *internet*, pai.

Calado, ele fica me olhando.

— Quando o comprador chega hoje na empresa, ele já passou por setenta por cento do processo que o vendedor antigamente faria sozinho.

— Como assim, Marcelo?

— Veja bem, pai. Hoje, o consumidor vai na *internet*, pesquisa o produto, tanto na fábrica quanto no representante ou varejo, conhece seus componentes, os preços, a durabilidade, vantagens desvantagens etc. O vendedor é obrigado a saber tudo isso, porque agora o próprio consumidor tem o conhecimento de tudo isso.

— Já vem mastigado, né?

— Exato.

Estralo o pescoço, antes de continuar.

— Pois é, a abordagem mudou, o vendedor não pode saber mais só sobre o produto, ele tem que estar atento a dor do cliente. Lembra que ele vende dor? Ele entrega a solução para a dor do cliente.

Meu pai balança a cabeça em sinal de negação.

— Essas modernidades...

Eu balanço a cabeça em sinal de afirmação, contrariando meu pai.

— É muita vantagem, pai, é só a gente se adaptar.

— Dá mais um exemplo, Marcelo.

Respiro fundo, inspirado e empolgado com esse momento.

Percebo que nem olhei mais no relógio e acabo olhando: 02:59.

"Meu Deus do céu! E eu ainda tenho que comprar pão."

— Nós fomos, nos últimos tempos, muito mal-acostumados. Hoje, quase todo o processo de vendas já vem pronto. Você entra em alguns *sites* e pode comprar qualquer coisa, de qualquer marca, preço, com facilidade, entrega barata e rápida, até com papel de presente e cartão.

— É verdade.

Meu pai estica o corpo para trás, como se quisesse deitar na cadeira.

"Coitado, deve estar cansado."

Mas vamos terminar o assunto, que não é sempre que eu posso passar tanto tempo de qualidade com meu pai. Me sinto grato por essa madrugada tão diferente.

Dando sequência.

— Hoje, o processo de vendas não pode mais ser invasivo, não se pode ligar para um cliente oferecer um produto, do nada, ninguém aceita isso mais.

Meu pai faz cara feia.

— Eu desligo o telefone na hora.

— Eu também, os tempos mudaram e a gente tem que acompanhar.

Agora ele boceja de sono, bem alto.

— Vender é um processo que tem que fazer com que o outro se sinta importante.

Seu Carlinhos cruza os braços e se balança na cadeira.

Eu continuo.

— O processo tem que gerar valor do início ao fim, agregando mais valor ainda.

Ele boceja de novo.

"Tenho que pensar numa estratégia para acordar o velho. Café ele não vai tomar..."

— Não pode empurrar o produto, discursos ensaiados, tem que se entender o cenário e suas necessidades. Boas perguntas e postura consultiva.

Pego a prospecção de vendas em papel.

— Pega, pai!

Ele acorda! Levanta e segura o papel.

"Como pode alguém ser fascinado por papel? Será que é da geração dele?"

— Como é que a faz isso aqui, Marcelo?

Ele coloca a folha na mesa, se posiciona com a caneta na mão, como um aluno bem aplicado.

— Escreve a data, pai, o nome do vendedor e o que você está fazendo como projeto.

Ele anota.

— E depois?

— Escreve o PCP, perfil do cliente potencial.

— Tá.

— Você deve pensar no cliente em potencial, naquele que mais se adéqua ao nicho que trabalha, o que paga mais, o que compra mais e o que é mais atraente como empresa.

— Hum.

Meu pai olha atento aos campos na prospecção.

— *Gatekeeper*, Marcelo? O que é isso aqui?

— Geralmente a secretária que faz o papel de leão de chácara.

Ele ri.

— Já entendi.

— Essas pessoas importantes, líderes de empresas, sempre têm funcionários a sua volta que fazem o papel de segurança, não é só uma secretária ou assistente, mas por vezes vários assistentes, gerentes etc.

— PCP, Marcelo?

— Pai, controle seu sono.

— Eu não estou com sono, Marcelo.

— Eu acabei de falar o que é PCP, pai.

— Ué, fala de novo!

Coloco as mãos na cintura e balanço o pescoço.

— Perfil do Cliente em Potencial, pai.

— Dores do PCP? – ele pergunta.

— Sim, uma dor latente, uma dor explícita do cliente, aquela que ele conta somente quando está em um grau mais elevado de afinidade e confiança mútua com o vendedor, como exemplo, a dor latente aqui no caso pode ser a empresa estar abaixo das metas dela.

— Tá.

Ele anota.

— E o de baixo, apoio?

— Pode ser que a empresa não tenha processo comercial. E é importante que esteja munido dessas informações, porque estará explorando as dores do cliente e mais uma vez oferecendo as opções de solução para ele.

— Sim, faz sentido.

Eu sigo para meu pai não dormir e babar na prospecção.

"Já que ele não quer tomar café."

Ele lê em voz alta.

— Meu PCP usa...

Ele anota com facilidade os meios de contato do cliente e o objetivo, neste caso, marcar uma reunião.

— Ótimo, pai, muito bem!

Eu prossigo.

— Tem que ter ritmo, pai, para tudo isso, a cadência, sempre com ritmo.

— E os canais de atração?

Ele mesmo lê.

— Canal indicação, canal carteira, canal digital, canal X, canal Y....

"É impressionante como o comportamento do meu pai muda quando tem um papel e uma caneta na mão. Ele vira um menino da quarta ou quinta série. É fantástico!"

— Isso aí, pai. Em cada canal, você registra quantos clientes vieram por indicação, digamos que tenham sido dez.

Meu pai anota e já responde.

— Quase isso, filho, foram cinco.

Ele continua anotando, sem precisar da minha explicação.

— Canal carteira é o que eu já tenho, né? No mês passado, foram uns quinze. São os clientes ativos que você já vende hoje mais barato para prospectar; outro da carteira são os pré-inativos, que estão mais silenciosos conosco, diminuindo as compras; os inativos são aqueles que, em um determinado período de tempo, deixarem definitivamente de comprar conosco, por N motivos; os ex-clientes que, além de terem parado de comprar da gente, o tempo passou tanto que até perdemos o contato deles.

— Então anota, pai.

"Não é que ele escreve tudo direitinho?"

— Na cadência, pai, você vai colocar a frequência que vai trabalhar cada um desses canais, bem como a estratégia que vai usar, por exemplo ativando clientes ativos, reativando inativos e ressuscitando ex-clientes.

— Hum.

Ele continua escrevendo e atento ao papel.

Sigo em frente.

— No item energia, você calcula em porcentagem, o tempo e energia que vai despender do seu dia com cada um dos seus canais. Por exemplo, se você tem 100 prospecções para fazer por mês, qual será o percentual que vai dedicar seu tempo, energia e dinheiro para atrair clientes.

— Tá.

— O que podem ser os canais 4 e 5?

— O que você costuma usar, pai: parcerias, *networking*, palestras, cursos, ou seja, outros canais onde conhece e alcança os seus clientes.

— Tá, vou colocar aqui os contatos das visitas porta a porta e feiras e eventos com empresas de recursos humanos.

— Isso, pai, ótimo!

— Marcelo, do jeito que você está colocando aqui, eu não fico num canal só, fica tudo dividido.

— É isso mesmo, você não fica dependente de um canal só, tem mais chances de prosperar, porque não se torna dependente de uma única fonte.

— Maravilha!

Respiro fundo, satisfeito com meu aluno.

— Na minha experiência, percebo que os clientes vão descobrindo, que investiam muito tempo em canal específico, quando outro era bem-sucedido com menos tempo e dinheiro. É uma maneira do cliente se conhecer, com isso ele começa a ter uma prospecção melhor do que antes.

— Uau.

Meu pai levanta o papel na altura dos olhos e fica admirando.

"Será que está admirando a letra dele ou a informação?"

Prossigo.

— Com o tempo, vai testando e avaliando esses cinco canais e descobrindo qual é melhor para trabalhar e ter mais resultados. Pode fazer isso para você, como para cada vendedor. Resumindo, pai, tendo essas informações, muda a sua vida e suas vendas.

— Da minha empresa, Marcelo.

— E não é a mesma coisa, pai?

Ele ri.

— Pior que é.

— Pior nada. Você sabendo disso, trabalha melhor com a empresa e com você mesmo, consciência muda tudo. Euquipe, pai!

— Euquipe, Marcelo? Ai, ai, ai.

Ele coloca a mão na testa.

— Euquipe, pai, não esquece!

— Obrigado, Marcelo.

— De nada, pai.

Eu volto a me sentar no sofá.

Pego o celular.

Vácuo!

"Ou a minha mulher dormiu ou está mesmo p da vida! Depois eu explico. Hoje é uma noite única!"

— Marcelo?

"E o pão, será que eu compro pão ou não?"

— Marcelo?

— Se eu comprar, compro quantos? Acho que uns cinco.

— Marcelo?

Dou um pulo.

— Oi, pai?

— Tá dormindo?

— Não, pai, estava pensando.

— Hum.

— Fala!

— O que vem depois?

Ele me aponta o papel.

— Aí, pai, você deve fazer a estratégia dos canais de atração.

— Como é que é isso?

— Eu normalmente crio campanhas com começo meio e fim e ainda coloco nomes nelas, tipo o que a Polícia Federal faz em suas investidas como a Lava Jato por exemplo. Eu tenho uma estratégia muito assertiva que eu chamei de *Gremlins*, lembra do filme *Gremlins*, nossa me senti velho agora, este filme é de 1984?

Eu rio.

— Claro que eu lembro, você ficou com medo de dormir depois.

— Eu não fiquei com medo, não. Quem ficou foi minha irmã.

Meu pai ri.

— Preste atenção, pai!

Ele continua rindo.

— Tá, como é essa estratégia aí, Marcelo?

— Funciona assim, para cada cliente que você receber por indicação, deve conseguir mais três indicados ao longo do período de 30 dias pós-vendas, do próprio cliente.

— Como é que é isso?

— Então, quando você conversar com o cliente, ele terá gostado de alguma coisa que fez ao longo do ciclo da venda. Então, aproveite esse momento de elogio ou apreço dele e solicita uma recomendação, em vez de usar o termo indicação. Além disso, você pede para que esse cliente informe o indicado que entrará em contato em vinte e quatro horas.

No filme *Gremlins*, o *Gizmo*, que era aquele bichinho fofinho do filme, tinha três regras fundamentais para cuidarmos dele. A primeira era não expor o *Gizmo* a qualquer fonte de luz; a segunda era não deixar cair água nele de forma alguma; a terceira era não o alimentar após a meia-noite.

— Por que 24 horas?

— No filme. Obviamente, as regras foram infringidas e, ao colocarem o *Gizmo* em frente a uma luminária, ele se afastou de medo e trombou em um copo de água e isso o fez desenvolver milhares de outros que brotavam de suas costas. Após isso, as pessoas que deveriam tomar contam deles os deixaram comer um pedaço de pizza que estava dando sopa e ai...MEU DEUS! Os fofinhos *Gizmos* se tornaram os monstros *Gremlins*, que começaram a invadir de forma brutal a cidade e instaurar o pânico por toda parte.

Aqui no caso, 24 horas porque isso gera um ritmo e faz com

que o cliente não se esqueça de informar a nova recomendação, de que entrará em contato, ou seja, não esfrie a relação e não vire um monstro, *capiche*?

— Hum.

— Isso gera ritmo, pai. E novos contatos.

— Ah, então, no seu caso, os *Gizmos* que brotavam das coisas podemos relacionar com os três indicadores?

— Bingo, pai! Matou a charada!

— *Show*, mas e o que mais?

Começo a explodir por dentro, meu pai comprou minhas ideias, *yahoo*!

— Curva ABC.

— Curva ABC, Marcelo?

Meu pai boceja um pouco e eu me levanto para me movimentar e deixar ele mais atento.

— Pai, você deve criar níveis de segmentação dos clientes da sua carteira, pois não podemos e não conseguimos atender a todos com o mesmo engajamento e tempo. A minha e sugestão é dividir seus clientes como A, o cliente com mais potencial de volume de compra (em valor monetário), frequência de compra (quantidade de vezes que compra em um período de um ano) e recência de compra (número de dias que ele comprou pela última vez de vocês), B o segundo cliente com mais potencial e C, o terceiro cliente com mais potencial.

— E para que isso?

— Para classificar o nível de atendimento que fará em todos os seus clientes: o cliente que está ativo é o mais barato que tem, porque já tem um relacionamento com ele. O cliente B é aquele que está falando menos com você, está diminuindo contato, pode ter alguma coisa incomodando. O cliente C é o inativo que já não compra mais nada de você.

Agora, o velho fica mais ereto na cadeira, foi bom eu ter me levantado. "Ufa!"

— E o que eu faço com essa informação, Marcelo?

— Você define a porcentagem de tempo, energia e dinheiro que você vai despender com cada um deles e que tipo de estratégias vai adotar para abordagens futuras.

— Isso é o que você faz com isso depois?

— Você vai analisando e definindo quanto tempo despende com quem. Dentro dos clientes A, por exemplo, você pode definir outra curva ABC.

— Interessante. Dentro dos clientes em potencial, eu defino quais têm mais potencial, é isso?

— Exato!

— E o Canal Digital? Em qual eu tenho que estar?

— Em todos, pai!

Ele estica o papel com o braço e fica olhando.

— Todos, Marcelo?

— Hoje em dia, você tem que estar em todos os canais digitais possíveis como, por exemplo, Instagram, Facebook, LinkedIn, Google, WhatsApp, ter a página de captura de *leads* etc. Não tem como não estar.

— Dá muito trabalho, Marcelo.

— Trabalho é perder cliente, pai. Não ser visto!

— Como assim?

— Veja bem. Se você não estiver no Instagram, alguém vai estar. Um concorrente seu vai estar lá, entende?

— Hum. É.

— Se você tem um cliente que gosta de Facebook, terá que estar lá gerando conteúdo, mas cria o mesmo para o Insta e o Face e vai se tornando acessível para seus clientes em potencial. Ele está procurando você, mas não sabe quem ele é.

Eu dou passos na sala, para deixar o velho mais alerta.

"E eu ainda não sei quantos pães eu tenho que comprar."

— Vou ter que contratar alguém para fazer só isso.

— Vale a pena, pai, a gente recebe muitos clientes pelo meio digital hoje em dia, não tem como fugir.

— Sei.

— Se você vai contratar alguém, ótimo. Mesmo esse alguém tem que ter cadência, criar conteúdo e postar com regularidade, seja um *post*, um vídeo, disponibilizar um *e-book*, enfim.

— Tá.

— Lembre-se de que a sua página, a sua *Landing Page* ou página de captura de *leads* também é uma fonte rica de clientes e a pessoa que você contratar tem que estar atenta a esse canal também.

— No fundo, eu sei disso tudo, Marcelo. Mas e o que mais?

"Ótimo, ele está interessado e alerta!"

— Pai, os três primeiros canais você tem que ter: Carteira, Indicação e Digital são obrigação para qualquer empresa, são só que mais trazem clientes novos e iguais e os dois últimos, tem que escolher de acordo com o que funciona para você.

— Hum.

— Veja bem. Eu tenho o meu canal de palestras e treinamentos. Antes eu não entrava em contato com as pessoas que me assistiam, por falta de tempo, organização e de visão mesmo.

— Sei.

— Hoje, eu mando um *e-mail* para todos que me assistiram e peço a opinião deles, pergunto o que acharam. E, no final, peço uma indicação. E dou algo em troca.

Agora ele fica com a boca aberta olhando para mim.

— O que você dá em troca?

— Um *e-book*, um vídeo, uma planilha e, dependendo de quantas indicações ela me der, sabe que vai ganhar mais coisas, como uma mentoria particular por exemplo. Tudo é uma troca!

— Tá. Entendi!

— Tem também o NPS, *Net Promoter Score*.

— Ai, meu Deus. O que é isso agora, Marcelo?

— Esse conceito vem de um livro (*A pergunta definitiva*, de Fred Rei-chheld) e que fala sobre como fazer a pergunta definitiva para entender o nível de satisfação do seu cliente naquele exato momento. Por exemplo, de zero a dez, que nota você dá para a minha palestra?

— Hum.

— Você vai fazer a pessoa pensar.

— Sim.

E se ela te der uma nota de zero a seis, ela é considerada um detrator.

— Detrator, Marcelo? Que nome feio.

— Pois é, pai, esses são clientes que não estão satisfeitos conosco.

— E de sete a dez?

— Esses são os clientes em potencial com quem eu vou falar.

— Deixe a régua alta?

"Esse velho é esperto!"

— Isso, pai.

— Mas tem uma coisa, seu Carlinhos.

— Quê?

— As pessoas que dão nota sete e oito são consideradas neutras, as que acharam razoável. O que importa mesmo são os nove ou dez, os chamados Promotores.

— Promotores, Marcelo? Lá vem a moda.

— Não é moda, pai, preste atenção.

— Tá!

— Promotores são os caras que vão indicar você para outros clientes.

— Hum, e o último canal?

— Eu chamo de *"parsério"*, pai.

— *Parsério*, Marcelo? Mas que saco.

— Por que 'que saco', pai?

"Eu não acredito."

— É muita moda, mas vai lá.

— *Parsério*, pai, são os caras que dão nota nove ou dez para você, mais do que clientes, nossos promotores. A estratégia é criar um relacionamento mais sólido com eles, porque se tornam seus fãs, querem ser nossos amigos. Vale a pena investir.

— Se ele te deu nota nove ou dez, vale mesmo.

— É isso aí, pai. Agora olha de novo para esse papel e veja a quantidade de prospecção que eu faço com ele.

— É...

MARCELO BARATELLA

— Não tem como ficar sem, se a gente faz esse plano e leva ele a sério.

— Você é bom nisso, filho.

— O quê? Eu sou bom em alguma coisa, pai?

— Ai, lá vem você...

CHECK POINT Nº 6
PLANO DE PROSPECÇÃO PERMANENTE

Convido você agora para fazer o exercício do Plano de Prospecção Permanente, o verdadeiro ímã de atração de *prospects, leads* e ou/ oportunidades.

1- Coloque o seu nome, a data que montou o seu produto ou serviço para vender ou o nome do projeto que deseja fazer.

2- No primeiro momento, você deve definir qual será o seu PCP, o Perfil do Cliente Potencial que pretende prospectar e que tem conexão com seu negócio, preenchendo as seguintes informações abaixo:

• **Empresa:** escreva o nome do cliente potencial/empresa/segmento.
_____
_____

• **Contato:** com quem quer fazer contato.
_____
_____

• **Cargo:** qual o cargo dessa pessoa.
_____
_____

• **Gatekeeper:** essa pessoa tem um *Gatekeeper*, ou seja, o famoso leão de chácara ou aquela pessoa que não decide, mas faz a blindagem ou o filtro para chegarmos no decisor. Escreva seu nome.
_____
_____

- **Cargo:** escreva o cargo do *Gatekeeper*: secretária, gerente, analista etc.

_____

_____

3- Na segunda parte do exercício, definiremos as Dores do PCP, portanto escreva a dor latente que seu PCP sofre, a dor explícita, aquela que ele contou para você, que está tirando o sono e causando pesadelos durante a noite. E posteriormente descreva a dor de apoio, aquela dor mais implícita, a dor mais comum do seu PCP e que é menos importante que a dor latente.

Dor latente: _____

Dor de apoio: _____

4- Na terceira parte do exercício, marque o(s) formato(s) que o perfil do seu PCP gosta de se comunicar.

( ) E-mail
( ) Telefone
( ) WhatsApp
( ) Mídias sociais
( ) Outro _____.

5- Na quarta parte do exercício, marque o objetivo específico que queremos com o PCP:

( ) Marcar uma reunião,
( ) Qualificar informações,
( ) Criar relacionamento,
( ) Fechar venda
( ) Outro _____.

6- Na quinta parte do exercício, pegue os 5 canais de atração que você escolheu anteriormente no exercício do método memorável e crie a estratégia ideal com que pretende atrair esses PCPs.

a) Atenção, os 03 primeiros canais de atração são aqueles imprescindíveis: o canal de indicação, o canal de carteira e o canal digital. Nos outros 2 seguintes canais, você deve escolher o que considerar mais apropriado para você e seu negócio.

b) Em seguida, para cada canal escolhido, definir qual será a cadência e a energia que vai despender no seu ambiente de trabalho para atrair estes *prospects*, ou seja, qual será a frequência (período) para cada um deles, a quantidade de vezes e a porcentagem que vai jogar de tempo, energia e dinheiro em cada um deles?

Esteja atento aos seguintes pontos.

✓ De 100% de energia que deverá usar no seu ambiente de trabalho, quanto pretende doar para o canal indicação, carteira de clientes e *marketing* digital??

✓ Lembre-se de que, sendo o percentual de energia 100% que você tem para trabalhar os 5 canais, quanto vai despender de energia, tempo e dinheiro para cada um?

✓ Por exemplo: 30% para indicação, 20% para carteira, 20% ao *marketing* digital, 15% para o canal 4 e 15% para o canal 5. O total sempre deve dar 100%.

✓ No final, dentro de cada canal de atração, você deverá descrever como será cada processo, o passo a passo para atrair seus clientes.

O MODELO DE ACELERAÇÃO COMERCIAL

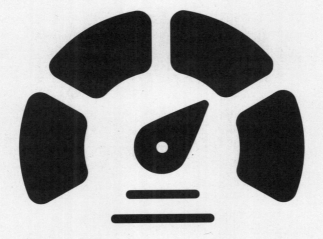

Pegue o que você já tem ou faz, melhore e gere valor para seu cliente de forma simples; caso contrário, vai dar pau.

MARCELO BARATELLA

O MODELO DE ACELERAÇÃO COMERCIAL

Cena 8

Eu olho no relógio do celular: 03:15 da manhã.

"Pelo menos o café não me deixou ficar com sono!"

Ouço minha barriga roncar.

"Café não tira a fome, né?"

— Pai?

— Hum?

— Tô com fome!

Ele vira a cadeira na minha direção:

— Vai comer, ué!

— Vamos comigo?

Ele ri.

— Está com medo de ir à cozinha sozinho?

"Não acredito!"

— Lógico que não, quero companhia.

— Quando você era pequeno, morria de medo.

— Pois é, né pai, mas eu cresci.

Ele se levanta.

— Sei! Vamos para a cozinha então. Mas eu não vou cozinhar nada.

Eu me levanto e já sigo porta afora.

"Ops, melhor levar minha pasta junto."

Pego a bendita pasta e vou, que meu estômago já está nas costas.

— Vem, pai!

Ele pega o caderno dele com a caneta e vem logo atrás de mim.

— Tô indo, Marcelo!

Cena 9

Na cozinha, eu acendo a luz e deixo a minha pasta em cima da mesa.

Abro a geladeira e me inclino para ver se tem alguma coisa pronta em alguma das prateleiras.

Meu pai se senta.

— Você não acha que é meio tarde para vir comer na casa dos outros, Marcelo?

Eu me levanto com tudo, indignado.

— O quê? Eu não vim aqui para comer, pai!

Olho para ele, que já está escrevendo algo no caderno, sem olhar para mim.

"Eu não acredito! Melhor voltar para a geladeira."

Vou abrindo as vasilhas da minha mãe, uma a uma, e colocando no balcão ao lado.

"Feijão, não... Salada, não... mais feijão?"

— Por que tem tanto feijão aqui, pai?

— Sua mãe deve gostar de feijão, oras.

"Mas que coisa..."

— Que bagunça você está fazendo aí, Marcelo?

— Não estou fazendo bagunça, pai, estou procurando alguma coisa para comer.

— Faz miojo!

— Miojo?

— É, tem de carne..., de frango..., de legumes...

— Pai?

— Quê?

— Eu não quero miojo!

Dou risada e continuo minha busca. Desisto da geladeira e vou para o armário de mantimentos.

De repente, derrubo uma lata, que faz um baita barulho ao cair no chão.

— Marcelo! Quer acordar sua mãe, menino?

"Menino?"

Rio por dentro.

— Estou procurando alguma coisa para cozinhar.

— Cozinhar? A essa hora?

— Você não vai me mandar embora de novo não, né pai?

— Você bem que podia pedir uma pizza, é mais rápido.

"Hum..., será?"

— Podia até ser pai, mas enquanto eu faço um macarrão, podemos falar do meu Modelo de Aceleração Comercial. O que você acha?

— Não sei, você vai fazer macarrão de quê?

"Eu definitivamente não acredito."

Ponho as mãos na cintura.

— Do que você quer, pai?

— De queijo!

Volto para a geladeira.

"Queijo, queijo, queijo, em qual prateleira eu vi uma vasilha com queijos?"

Encontro uma vasilha com queijo muçarela, parmesão e *brie*.

— Tá bom, pai, macarrão de queijo!

— Bastante, *hein*. Não me vá por um queijinho só.

— Sim senhor, seu Carlinhos.

Guardo as vasilhas na geladeira e pego uma panela para ferver água.

"Bom, enquanto ferve, vamos conversar!"

Me sento na frente dele e disparo.

— Pai!

— Hum.

— Pergunta importante: "você precisa vender mais e melhor para quem já é seu cliente?"

Ele para de escrever.

— Não sei...

— Segunda pergunta importante: "e você precisa aumentar sua base de clientes?"

Ele cruza os braços, me encarando e não responde.

Eu continuo.

— Terceira: "Você tem interesse real em ajudar seus clientes a ganharem mais dinheiro?"

— Lógico.

Prossigo.

— Quarta: "Você quer melhorar a sua apresentação, o seu repertório de soluções?"

— Acho que sim, né?

Balanço a cabeça e alcanço minha pasta na mesa. Pego mais um elixir para hipnotizar o velho.

— Olha, pai!

Entrego a ele o meu Canvas MAC, do Modelo de Acelerador de vendas.

— Se você respondeu sim para as quatro perguntas que eu fiz, vai se divertir com isso aqui.

Ele pega, já todo entusiasmado.

— Vai olhando aí, pai. Deixa eu ver a água.

Eu me levanto e vejo que a água já ferveu, coloco um punhado de macarrão na panela, enquanto meu pai fica admirando o Canvas.

"Aproveito para explicar o que eu quero, para não focar na fome, que tá brava a coisa."

— Com esse Canvas, pai, eu ensino a traçar o perfil do cliente ideal, perguntas poderosas que vendem, como fazer uma oferta irresistível, uma argumentação infalível e uma chamada para ação.

— Se o macarrão ficar tão bom, quanto tudo isso aí que você fala, tá bom.

— Ah, tá com fome também, né seu Carlinhos?

— Só um pouco.

"Ele não vai dar o braço a torcer."

— Se quiser, eu faço um miojo para você, pai!

— Por que miojo?

— Não foi o que você mandou eu comer?

— É, mas agora você vai fazer macarrão com queijo.

"Safado."

Coloco um fio de óleo para ferver com o macarrão; depois sento na frente do velho.

Ele levanta a folha na altura dos olhos e solta.

— Isso aqui parece um míssil!

Dou risada.

— É mesmo, pai, nem todo mundo percebe.

— Você fez de propósito?

— Fiz.

— Por quê?

— Porque nós vamos endereçar o perfil do cliente em potencial, que a gente quer, à compra. Temos um alvo! E vamos atingi-lo como um míssil!

— Hum.

Meu pai põe o papel sobre a mesa e pega uma caneta.

— Como é que começa?

"Como ele gosta de papel, é incrível!"

— A primeira coisa, pai, é batizar o projeto.

— Colocar um nome?

— Isso. E coloca a data, o nome do produto, do cliente e qual a sua expectativa.

— Expectativa do quê?

— Dessa venda que você pretende fazer.

— Hum, tá.

Ele escreve bastante concentrado e fala em voz alta.

— Clientes da carteira.

Eu observo e aguardo. Meu pai escreve e fala ao mesmo tempo.

— Projeto de digitalização, 30 mil reais.

— Ótimo, pai, é o mesmo valor que você colocou nos 7Rx.

— Sim, é o que eu preciso para sair do buraco.

"Buraco? Ele vai me contar desse buraco que se enfiou em algum momento?"

— Vamos para o PCP, Perfil do Cliente em Potencial.

— Como é que é agora, Marcelo?

— Existem segmentos de clientes, não vai ter tempo para atender a todos, então usa critérios para investir seu tempo nos que têm mais potencial para você.

— É, faz sentido.

Eu retiro outro documento da minha pasta e dou para ele.

— Olha, pai!

Ele pega.

— Mais um funil, Marcelo? Por que você gosta tanto de funil?

— A vida é afunilar, pai.

— Me lembrei até de uma coisa engraçada. Outro dia um cara, que eu não via faz tempo, me perguntou o que eu fazia, disse que era funileiro.

— O cara perguntou, mas funileiro todo arrumadinho assim?

— E eu disse, claro, eu desamasso processos de vendas das empresas.

Meu pai ri e lê em voz alta e já volta logo ao assunto.

— Você disse segmento, certo?

— Isso, pai, escolha o segmento que mais combina com o perfil do seu serviço.

Ele escreve, pensando em voz alta.

— Cartórios de registro de imóveis.

— É, Marcelo, e esse segmento eu já conheço bem as dores.

— Excelente, seu Carlinhos.

Ele volta à leitura.

— Procure as equipes funcionais, os departamentos específicos.

Eu fico em silêncio e vejo o que ele vai escrever.

Ele já vai respondendo e escrevendo ao mesmo tempo.

— Gerentes administrativos.

— Muito bom, pai!

E ele continua.

— Encontre influenciadores? Como é isso aqui, Marcelo?

— São as pessoas influenciadoras dentro da empresa, que podem acabar ajudando você nesse processo de vendas.

— Os donos da empresa, por exemplo?

— Sim, ou os diretores, presidentes, quem tem uma posição importante e pode influenciar no seu trabalho lá dentro.

Ele se remexe na cadeira.

"Como é que nessa idade ele não sente sono e cansaço?"

— Mas você quer que eu saia perguntando os nomes das pessoas que estão nos outros cargos?

— Ahá! Está vendo a importância das redes sociais, pai?

— Não!

Eu solto uma risada.

— Você vai no LinkedIn e coloca lá o nome da empresa e vai descobrir os funcionários que estão lá. Aí você tem os contatos deles, não é incrível e fácil?

— Hum, agora estou entendendo.

— Sim, pai, se você tiver uma conexão em comum com a pessoa que for do seu interesse, pede para ela dizer para a pessoa, que você quer falar com ela.

— E funciona?

— Sim, geralmente sim. E daí é só você ligar, entrar em contato!

Ele anota algo no seu caderno e volta para o Canvas.

— Identifique os desafios?

— Isso, pai, você precisa saber das dores desse cliente.

— Hum, de novo?

— Você faz isso de forma generalista, seu Carlinhos, até porque você já fez antes.

— É.

— Por exemplo, você pode considerar: aumentar a lista de novos clientes, os clientes, e aumento da venda de *mix* de produtos e serviços.

Seu Carlinhos respira fundo e assente com a cabeça.

— Muito bom.

Ele volta a levantar o Canvas na altura dos olhos, como se estivesse apreciando um quadro. Põe de novo na mesa e lê o último campo.

— O cliente se enquadra? O que significa?

— Que você tem que analisar se os clientes se enquadram na sua estratégia.
— Tá, mas e os critérios que você falou antes?
— Espera aí.
Lembro-me de mais um papel interessante na minha pasta.
Pego e entrego para ele.
— Olha, pai, aqui tem um exemplo de critérios bem interessante.
Ele estica o papel na mesa e fica olhando.

EX.: CRITÉRIOS DE QUALIFICAÇÃO DO PCP
(Perfil do Cliente Potencial)

Quais critérios nós queremos?	Por quê?
20 a 200 empregados	Nossos clientes têm que ser grandes o suficiente para precisarem dos nossos serviços.
Setores	Os setores em que somos bem-sucedidos são: tecnologia, serviços e indústrias.
Modelo de vendas	Eles têm uma estrutura própria de venda, com pelo menos 4 vendedores e um gerente comercial.
Faturam mais de R$ 1.000.000,00 / mês	Nossos clientes têm que ser grandes o suficiente para precisarem dos nossos serviços.

— Hum, quantos critérios têm que ter, Marcelo?
— Quantos você quiser, eu geralmente uso de 5 a 10.
— E nesse exemplo aqui, o que significa? Se a empresa tiver menos de 20 funcionários, você não vai vender?

Ele me olha sério e eu respondo.

— Vou, pai, mas não vou considerar como um cliente em potencial para mim.

— É, faz sentido. Assim não perde tempo.

"Bingo!"

— Sim. E setores, como você mesmo escreveu no M.A.C, pode usar o "gerente administrativo" na maioria das vezes, já que é o que encaixa com o seu produto e serviço.

— É.

— E o próximo campo, Modelo de vendas?

Estico os braços para cima, me esticando um pouco e dou uma olhada de longe na panela.

"Anda não está fazendo bolinhas, ok!"

— Pai, tendo um número em mente, de quantos funcionários tem, pode avaliar se esse cliente é um potencial para você.

— Tá, assim como a renda mensal deles, né?

— Sim. E tem mais, pode pensar no sistema de *software*, de CRM, dos salários que eles têm, o que você tiver conhecimento e for um termômetro para saber.

Meu pai olha para o fogão.

— Olha lá a água esparramando pelo fogão.

"Ai, minha nossa!"

Coloco as mãos na cabeça.

— Ai, meu Deus do céu! Esqueci!

Meu pai ri.

— Eu não vou limpar.

— Eu limpo, pai, que saco.

— Não esquece o queijo.

Eu desligo o fogo e tiro a água da panela, deixando o macarrão de lado, para fazer o molho.

— Você vai ficar parado aí, pai?

— O que você quer que eu faça?

— Pega uma cebola e pica para mim.

— Ai, eu não acredito, Marcelo. Descascar cebola a essa hora?

— Ué, você não vai comer?

Mesmo reclamando, ele levanta e pega uma cebola.

Enquanto ele começa a descascar, eu faço o mesmo com os queijos, vou cortando em pedacinhos e continuamos nossa conversa, ambos em pé na frente do balcão.

Meu pai.

— E o que vem depois disso?

— As perguntas poderosas que vendem, pai!

— Lá vem a moda!

— Não é moda, seu Carlinhos, funciona!

Ele faz cara de desconfiado e solta.

— Vamos ver! Se o macarrão ficar bom, vai me ajudar a entender tudo isso.

— Precisa do macarrão para entender, pai?

— É que eu estou com fome, uai.

"Uai? De onde veio isso agora?"

— Presta atenção, pai.

— Fala!

— Você já ouviu falar de vendedor jacaré?

— Jacaré, Marcelo? É um mutante?

Dou uma risada alta e ficamos rindo alguns instantes.

"Eu não acredito!"

— Vai acordar a mãe, pai.

— Mas olha o que você fala, Marcelo. Vendedor jacaré? Você fala essas bobagens nos seus cursos também?

— Falo! E não são bobagens!

— Sei.

Do nada, ele derruba o prato no chão e faz aquele barulhão.

— Pai..., vai acordar a mãe.

— É culpa sua.

— Minha? Como minha?

Por sorte, o prato não quebra, ele pega o prato do chão e eu prossigo com a explicação.

— O vendedor jacaré tem a boca grande e as orelhas pequenas, fala muito e escuta pouco.

— Hum.

Fico olhando para ver se ele está fazendo direito e não vai derrubar mais nada.

— Está olhando o que, Marcelo?

— Você!

— Por quê?

— Presta atenção, pai.

— Tô prestando.

Ele para com a faca na mão, olhando para mim. Eu chamo sua atenção.

— Não vai derrubar mais nada, pai!

— Tá, tá, tá, continue aí a história do vendedor jacaré. Tem vendedor crocodilo também?

— Não, pai. Preste atenção!

— Tá.

Agora ele chora e fica fazendo barulho com o nariz, por causa da cebola.

— Pare de chorar, seu Carlinhos.

— Você que devia parar de me pedir esse tipo de coisa, onde já se viu?

Ele dá uma boa gargalhada e limpa o rosto com um pano de prato. "Não acredito!"

— No pano de prato, pai?

— Não amola, Marcelo. E as perguntas, tem uma lista?

— Não, eu tenho as minhas, mas você tem que ir elaborando as suas, de acordo com o seu negócio e os seus clientes.

— Sei.

— Você vai aprimorando suas perguntas, conforme vai tendo suas experiências, vai ficando *expert* em saber as perguntas matadoras, as que funcionam.

— Hum.

— Tem a ver com levantamento de necessidade, seu Carlinhos.

Enquanto eu falo, ponho numa panela o óleo e a cebola picada.

Meu pai volta para a mesa com o pano de prato na mão e fica limpando o olho outra vez.

— Pare de chorar, tá quase pronto. Parece criança.

— Não esquece de pôr todos os queijos!

Eu jogo vários pedaços de queijo na panela, para derreter.

"Minha nossa, que cheiro bom!"

A fome aperta.

Pego uma caixinha de creme de leite e jogo na panela, um pouco de leite e requeijão.

— Você tem certeza de que sabe fazer isso, Marcelo?

— Tenho!

"É a primeira vez, mas ele não precisa saber. Deixa ele pensar que eu sou um chefe de cozinha!"

— O cheiro está bom!

— Não é, pai? Não consigo nem raciocinar mais.

— Então anda logo com isso aí.

Ficamos em silêncio, sofrendo com o cheiro e a fome.

Mexo, mexo, mexo e vejo que os queijos derreteram, só ficam alguns pedacinhos.

"Acho que ficou bom!"

Jogo a mistura na outra panela, em cima do macarrão e mexo.

— Pai, esse macarrão ficou *top* das galáxias!

— Deixa eu ver!

Ele levanta, pega dois pratos e talheres. Eu desligo o fogo e já vou pegando um prato para mim.

Meu pai se serve e se senta na mesa. Eu faço o mesmo, pegando um pacote de queijo ralado e enchendo o meu macarrão.

— Hum – meu pai diz.

Eu nem respondo, tô doido de fome.

Como também.

— Hummm.

"Não é que ficou bom?"

— Nossa, ficou bom, hein velho?

Ele enche a boca e fica olhando para o exercício em cima da mesa.

— Sou ou não sou um chefe de cozinha?

— É... dá para quebrar o galho.

— Para quem sugeriu miojo, você devia erguer as mãos para o céu.

Ele ergue, com a maior cara de deboche.

Eu rio.

"Esse seu Carlinhos não existe."

— E as perguntas, Marcelo?

Eu falo, comendo.

— O que acontece se eu não faço o levantamento de necessidades dos meus clientes?

— O quê? – ele pergunta de boca cheia.

"Estava com mais fome do que eu, o velho."

Engulo.

"Mas está muito bom meu macarrão, Deus do céu!"

Meu pai está mastigando, então eu sigo minha linha de raciocínio.

— Vai ter um baixo índice de fechamento, de taxa de conversão e de fidelização.

— Hum – ele sussurra com a boca cheia.

Não para de comer um segundo.

Vou em frente.

— O índice de satisfação também cai, porque o cliente não entende tudo o que você tem para passar para ele e a empatia, por consequência, também diminui.

Ele só balança a cabeça e continua enchendo a boca, mas atento.

Dou continuidade.

— Vai ter tíquete médio baixo, se a gente não faz o levantamento das necessidades, tudo cai. O cliente não entende nosso potencial e o ritmo das vendas vai encolher, vai demorar mais.

— Faz sentido – ele acrescenta de boca cheia.

— A gente tem que estar preocupado com as perguntas, treinar elas sempre, para atingir a dor do cliente, de verdade, ajudá-lo a melhorar suas vendas.

— E com isso a gente vende mais.

— Óbvio!

— Agora você que fala óbvio, Marcelo?

Dou de ombros e continuo.

— Se eu faço as perguntas, sou eu que as defino, bem como o rumo da conversa e o tom, é ótimo. Por isso temos que planejar as perguntas.

— Hum.

— Isso promove credibilidade, autoridade.

Olho para o meu pai.

Ele levanta e enche mais um prato.

— Gostou, hein, seu Carlinhos?

— É que eu estava com fome mesmo.

"Sei!"

Lembro-me de um exemplo para facilitar a explicação.

— Quando você vai no médico, ele faz as perguntas certas, é uma anamnese. Se ele não fizer, vai dizer que tem uma virose.

O velho ri de boca cheia.

— Verdade, Marcelo, eu sempre falo isso para sua mãe. Ir em médico para quê? Para ele dizer que é uma virose?

— É fácil saber quando o médico é bom e está interessado. E se ele fizer as perguntas certas e resolver seu problema, você recomenda esse médico para o resto da vida.

Ele balança a cabeça, concordando.

Eu levo uma pequena garfada na boca e continuo. Mesmo mastigando.

— As perguntas e as respostas que seguem trazem clareza para o problema e, durante essa conversa, eu convenço o cliente a comprar de mim.

Meu pai me olha e eu vou falando.

— Vamos por etapas, pai.

— Hum – de boca cheia.

— Etapa número 1, etapa da investigação.

— Tá – levando uma garfada na boca.

— Tem que descobrir a situação atual do cliente, qual a dor dele.

— Hum – mastigando.

— Depois disso, você vai percebendo as perguntas que deve fazer em seguida, automaticamente.

— Tá – comendo mais um pouco.

Eu querendo comer e não consigo, porque estou praticamente falando sozinho, sendo o *entertainer* do velho, enquanto ele come.

"Ok, ele merece!"

Sigo.

— Exemplos de perguntas, pai: vocês usam algum sistema de gestão de documentos para a sua empresa?, vocês sabem quanto gastaram nos últimos meses com custas advocatícias por perderem documentos ou informações relevantes dos seus usuários?

— Parece até uma provocação, Marcelo.

— E é, pai. Perguntas de incômodo. Você entendeu a situação atual e agora pega o problema e bate nele.

— Bata no cliente?

Ele se ajeita na cadeira.

— Sim, incomodando a pessoa, deixando o problema ainda pior, por exemplo: não ter uma gestão de documentos não deixa sua empresa vulnerável perante os órgãos reguladores?

— Nossa, é um verdadeiro ataque.

— Não, pai: estratégia.

— Pior que funciona mesmo.

— E aí, pai, você finaliza, recapitulando tudo e põe uma pergunta de necessidade de solução: será que o que eu tenho resolve o seu problema?

— Gostei desse negócio aí, Marcelo.

Como uma garfada do meu macarrão e falo ao mesmo tempo.

— Pode perguntar coisas como: não seria interessante iniciarmos um diagnóstico sobre o melhor projeto de gestão digital para o seu modelo de negócio e agilizar e trazer segurança para o serviço que presta?

Ele balança o pescoço e deixa o prato de lado. Terminou o monte de macarrão.

— E tem mais pergunta?

— Claro, pode perguntar algo do tipo: faria sentido para você ter os documentos digitalizados e acessíveis em tempo real para colaboradores, clientes e autoridades?

Meu pai solta uma risada alta. Eu acabo rindo também e vou em frente, depois de mais uma garfada.

— Se o meu cliente responde sim para tudo ou a maioria, eu já ganhei o cliente, pai.

— Parabéns, Marcelo, estou começando a achar que você sabe o que faz.

— O quê? Começando, pai? Só agora?

Ele olha para a geladeira.

— Será que tem sobremesa?

Eu respondo, cheio do deboche.

— Só se tiver miojo de morango!

Continuo comendo, até terminar o meu prato.

Ele levanta e pega um pedaço de goiabada com um pedaço de queijo.

— Quem vai lavar a louça, Marcelo?

"Nem vou entrar nessa!"

Fico na mesa, debruçado, de barriga cheia por alguns segundos. Depois, me sento direito.

— Quer saber das ofertas irresistíveis, seu Carlinhos?

— Diga lá!

— Olha ali no exercício que preparei, pai.

Ele puxa a folha para mais perto dele.

— Está vendo esse campo chamado "oi".

— Oi?

— Sim, "oi" de "acorda, cara!".

Ele faz sinal de negação com a cabeça, porém sorrindo.

Ele lê.

— Fato, benefício, analgésico.

E fica parado, me olhando, como quem pede uma explicação.
Eu digo.

— Até agora, pai, a gente ajudou o cliente a pensar nos problemas dele e a gente começa a mostrar isso com mais detalhes para ele.

— Hum.

Me ajeito melhor na cadeira.

— A gente tem que resistir à tentação de falar sobre a gente mesmo e focar em fazer as perguntas sobre o cliente antes dele, deixando-o falar.

— Tá, mas o que é o fato, benefício e analgésico? Eu não entendi.

— O fato representa a conexão da necessidade da solução com o produto que você tem a oferecer.

— Hum.

— A necessidade da solução vem do entendimento, eu entendi o meu cliente e a dor dele.

— Explique melhor, Marcelo.

— O fato é no nosso exemplo: uma gestão sem controle, sem ferramentas, sem estatísticas e com falta de previsibilidade. Isso ficou escancarado nas perguntas que fiz para ele, certo?

Meu pai levanta o papel na altura do seu rosto.

— É. E o benefício?

— O que é que o cliente ganha com isso? Tem que haver uma conexão direta com a solução da dor que ele tem, ajudar ele a aliviar essa dor.

— Exemplo?

— Devemos usar palavras simples em vendas, nós não precisamos falar muita coisa, mas as palavras corretas.

— Como quais, Marcelo?

Ele pega a caneta e anota algo no seu caderno outra vez.

— Gestão prática, simples, controlada, resultados imediatos e produtiva.

Seu Carlinhos espreme os lábios e levanta as sobrancelhas, em silêncio, mas expressa sua concordância. Eu continuo.

— Essas palavras se conectam com todos os pepinos que ele tem para resolver.

— É. Fica com o prato cheio para vender.

Bato a mão na mesa, satisfeito. Meu pai pergunta.

— E o analgésico?

— Alivia a dor do cliente, pai.

— Você não falou isso na Proposta de Valor esperada?

"Que memória!"

— Muito bem, seu Carlinhos. É isso mesmo, lá você treina, aqui joga o jogo!

— E agora eu estou usando a proposta de valor?

— Exato!

Ele olha para o balcão da cozinha e para a fruteira da minha mãe e anota mais algumas coisas no caderno.

"Mas que raios?"

— Tem exemplos desse analgésico aí, Marcelo?

— Claro. Você pode dizer: me ajude a organizar minha empresa, me ajude a controlar melhor meus documentos, me ajude a atender mais rápido meus clientes e ter mais recorrência e mais vendas com eles, me ajude a ter resultados imediatos, me ajude a reduzir custos de tempo, energia e dinheiro.

— Entendi.

— Vender é ajudar o outro a tomar decisões que vão ajudar na solução dele, pai!

O velho se levanta.

— Vamos voltar para o escritório?

— Tá, vamos!

Eu olho para a louça e prefiro nem tocar no assunto.

"Acho que a minha mãe não vai gostar muito dessa surpresa."

— Minhas costas estão doendo um pouco.

— Vamos, pai, você senta na sua cadeira mega confortável do escritório.

— Isso! E amanhã você vem bem cedo lavar a louça para sua mãe.

"Ai, socorro!"

— Vamos, pai!

Pegamos os papéis e caderno de cima da mesa e seguimos para a bagunça no território do meu pai.

Cena 10

De volta ao escritório, eu vejo que já são quase quatro da manhã. "Pelo menos passou a fome."

Meu pai senta na cadeira dele e coloca o exercício sobre a mesa. Agora me olha.

— E depois?

— Aí vem o Objeções OBA, pai!

— Oba o quê? Está comemorando o que esse vendedor?

Eu me sento no sofá e respondo.

— Na verdade é o contrário, seu Carlinhos, são as objeções que o cliente pode fazer e você se antecipa a elas.

— Como assim?

— Ele pode dizer coisas do tipo: ah, eu até achei legal, mas já temos algo assim aqui na empresa, não acho que vai dar certo, acho que o seu concorrente está mais completo.

— E o que você faz?

— Eu argumento, adoro essa parte!

— Por quê?

— Porque objeção serve para dar ferramenta para gente. Se não tivesse objeção, não teríamos trabalho. Eu fiz uma oferta irresistível, agora é só argumentar de forma infalível.

— E como você se prepara para fazer a argumentação?

— Veja bem, pai, tem essas três partes aí no exercício, olha: objeção, amortecedor e argumentário de vendas.

— As partes de uma objeção?

— Sim, você responde, já amortecendo a objecção dele com um bom argumento.

Ele balança a cabeça.

— Sabe quais são as 4 objeções mais comuns nesse processo?

Meu pai estica as pernas para frente e cruza os braços, totalmente atento a mim. Dou sequência na minha narrativa, empolgado.

— Primeiro: o ceticismo, o São Tomé, só vendo para crer! Aquele cara que não acredita em nada, sem antes ver algo que comprove o que você está falando, como um documento, um vídeo ou o depoimento de um cliente que já comprou o meu serviço.

— É, o cético vai fazer várias perguntas.

— Vai, pai. E vai apresentar tudo o que for necessário para ele acreditar em você.

— E qual a outra objeção mais conhecida?

— O indiferente, o famoso, estou nem aí!

— Detesto esse tipo.

Eu rio.

— Se ele está dizendo que tanto faz, eu tenho que entender o que tenho que ele não tem, qual o meu diferencial, que posso oferecer para ele.

— E qual mais?

— O incompreensivo, pai.

— O confuso?

— Isso, o que não entendeu alguma coisa. Aí tenho que sanar as dúvidas dele, esclarecer melhor as características, benefícios e diferenciais.

— Sei.

— Pior ainda, se eu estiver dependendo dele, para vender a minha ideia para outra pessoa da empresa.

— E o que você faz?

Me mexo na cadeira, aliviando o cansaço de estar acordado a essa hora.

— Recapitulo tudo, com calma e com tudo o que ele precisa para compreender.

— Só isso, Marcelo?

— Dá para fazer uma pergunta muito boa, que é: e se você não mudar o seu modelo de gestão de documentos na sua empresa? Isso funciona muito bem para mim, porque aí estou apresentando o lado negativo se ele não me contratar, ele fica sem qualquer solução.

— Mostrando o lado negativo?

— Isso.

— Tá. Entendi.

Respiro fundo e continuo:

— Pai, tem 6 perguntas que o cliente faz para ele mesmo e não conta para a gente.

O velho boceja.

"Devem ser os dois pratos de macarrão!"

— 6 perguntas? Como é que é isso?

— O cliente pergunta: eu realmente preciso desse produto ou serviço agora?, eu confio no vendedor que está me atendendo?, eu posso confiar inteiramente na empresa que está me atendendo?, tem alguma vantagem nesse negócio ou criando ganhos?, o preço é justo?, compro agora ou penso um pouco mais?

— E o que você faz?

— Uso as perguntas poderosas. É infalível!

— Imagino que sim, mas é muita informação, Marcelo.

— Não é, pai, quer ver? Nós temos quatro tipos de objeções: o cético, o indiferente, o incompreensivo e o tá caro, que sempre reclama do preço.

— Esse você não tinha falado ainda.

— Mas esse sempre tem.

O velho ri.

— Existem fatores emocionais por trás da objeção, pai. E no momento que a gente entende isso, trabalha com mais facilidade a contra-argumentação.

— Que fatores emocionais?

— O primeiro deles é o estresse do cara que compra a dor e do cara que vende a dor.

— Hum.

— Pode ser na vida pessoal, com a esposa, namorada, filho. Falar não para alguém é estressante. Por isso há um confronto.

— Mas é normal ter estresse, como é que se elimina isso?

— Amortecedor das vendas, pai!

— Amortecedor das vendas, Marcelo?

— É uma metodologia que eu criei.

— Hum, lá vem.

Eu suspiro e me preparo.

— Tem 4 amortecedores que eu uso, apesar de existirem outros, tá?

— Quais são?

Ele puxa o caderno e anota algo qualquer.

"Ele tinha ficado um tempo sem escrever, o que será que, vira e mexe, ele anota nesse caderno?"

Eu sigo.

— O primeiro deles é a seguinte frase: entendo sua posição com relação a....

— Hum.

— Veja, pai, com isso, o comprador percebe a minha compreensão em relação ao problema dele, mas é a minha maneira de dizer que entendo, mas não concordo. E depois trago argumentações, como motivá-lo a ver valor em vez de preço.

— Sei. E o que mais você usa?

— Eu uso a frase: interessante seu ponto de vista sobre....

— Você valoriza a opinião dele?

— Exato, pai! De forma bem simples, é empatia. Diminuímos o confronto e temos mais chance de persuadir, argumentar e continuar na negociação.

— Quais as outras?

— Ah, você pode dizer: ficou claro para mim sua preocupação e muito importante sua colocação e por aí vai, pai.

— Muito bom!

— Depois disso, pai, é só fazer uma *call to action* ou chamada para a ação.

— O fechamento?

— É, mas a palavra não é tão boa quanto ação.

— Hum.

— E como você vê essa chamada para a ação?

— É quando a gente coloca o comprador em posição de compra, com compromisso. Ou para um próximo passo. É a ponta do míssil, pai.

Ele olha para a folha e passa a mão na ponta do míssil.

"Figura."

— Tá.

— Você pode fazer nesse momento uma troca, pai.

— Troca, Marcelo?

— É, por exemplo, você fala para o cliente: se eu provar para o senhor que isso realmente aumenta o retorno do seu investimento de forma imediata, mostrando um cliente para o senhor, você fecha comigo?

— Aí, até eu.

Eu dou risada.

— É isso, pai. É uma troca, acabamos com a indecisão dele.

— Gostei. Tem mais chamada para a ação?

— Tem. Colocar alternativas para o comprador.

— Como é que é isso?

— Eu uso a agenda.

— Como assim, agenda?

— Eu pergunto para ele: o senhor quer que eu comece na próxima quinzena ou na segunda?

— Hum, você já o coloca imaginando o processo iniciando, muito bom.

— Isso, pai. Eu nem falei a palavra fechamento, mas já estou o levando para isso.

O velho ri, balançando a cabeça.

— Bom, bom...

— Sim, ainda posso dizer: o senhor prefere a proposta em meio digital por *e-mail* ou aqui na mesa, impresso, em papel?

— Boa! Você já vai mandando o contrato.

— Sim, já estou chamando-o de novo para a ação.

— E tem mais dessa chamada para a ação?

— Tem o medo da perda, pai.

Ele se remexe na cadeira.

— Medo?

— É, medo!

— Hum.

— Ninguém gosta de perder, você provoca o comprador, fazendo perguntas no final, para ele ficar com medo de perder a sua oferta irresistível.

— Tá.

— Pensa na compra de um pneu, por exemplo, da nossa loja de carros.

— Hum.

— O cliente está em dúvida se compra um pneu ou não. Você fala: o senhor tem filhos? E vai viajar com seus filhos nesse carro com o pneu gasto assim? Vale economizar na segurança dos seus filhos?

— Uau!

— Pronto! Você o convence pelo medo e pelo amor aos filhos.

— Bom.

— O medo da perda e da escassez também funciona, seu Carlinhos.

— Escassez?

— Sim, você pode dizer para ele: eu não tenho agenda. Este mês, eu só tenho esses três dias, senão, só no mês que vem.

— Entendi.

— A pessoa começa a se sentir mal por perder aquela oportunidade. Eu respiro fundo.

"Acho que a comida pesou!"

— Tem mais uma?

— Essa eu adoro, pai!

— Qual?

— Essa você só pode dar, se você tiver três opções, seu Carlinhos?

— Como é isso?

— Uma estratégia montada já. Eu, por exemplo, posso ter uma mentoria formada com três formatos. Eu apresento e vende mais, outro que é mais completo e outro que fica no meio. Eu mostro três opções, com preços diferentes.

— Bom, bom, eu faço isso com o meu serviço.

"Olha o velho!"

— Chega ou tem mais?

— Tem a última, venda adicional.

— Como é isso?

— Além do meu gerenciamento, eu tenho módulos de treinamentos que posso colocar com o meu gerenciamento *on-line*. Isso faz a diferença porque eu estou agregando algo ao que ele vai comprar.

— É, faz sentido.

— Faz.

Suspiro e olho no relógio.

— São cinco da manhã, pai.

— E você não foi embora ainda, por quê?

— Pai!

CHECK POINT Nº 7
M.A.C. - MODELO DE ACELERAÇÃO COMERCIAL

Convido você para preencher o seu Modelo de Aceleração Comercial.

1- Pense no projeto que fez no Check Point número 4, da Meta Espancável e, de preferência, coloque o mesmo nome do projeto aqui, com data, nome do cliente e valor a ser atingido.

2- No campo PPV, Perguntas Poderosas que Vendem, comece pelas perguntas de investigação: que perguntas pretende usar para descobrir os incômodos do seu cliente?

PPV (Perguntas Poderosas que Vendem)

Perguntas de investigação:

1. _____
2. _____
3. _____

3- Escreva os possíveis incômodos e dores (problemas) que o seu cliente possui.

1. _____
2. _____
3. _____

4- No campo "OI", de Oferta Irresistível, escreva agora 03 (características e benefícios do seu produto ou serviço) que possuem conexão direta como analgésico das dores do seu cliente.

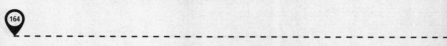

Característica 1: _____
Característica 2: _____
Característica 3: _____
Benefício 1: _____
Benefício 2: _____
Benefício 3: _____

5- No campo "AI", Argumentação Infalível, cite 03 objeções que você acredita que possa ser usada pelo cliente.

Objeção 1: _____
Objeção 2: _____
Objeção 3: _____

6- No campo Amortecedor, pense e anote, com que frase você vai amortecer cada uma das objeções anteriores.

Amortecedor 1: _____
Amortecedor 2: _____
Amortecedor 3: _____

7- Por último, no campo argumentário, escreva o argumento final para fechar cada uma das objeções anteriores, convencendo o cliente de que fez a escolha certa!

Argumentário 1: _____
Argumentário 2: _____
Argumentário 3: _____

O PLANO TÁTICO DE ALCANCE DA META

"Não diga que a vitória está perdida se é de batalhas que se vive a vida. Tente outra vez."

RAUL SEIXAS

O PLANO TÁTICO DE ALCANCE DA META

Cena 11

"Eu não acredito que já são 5 horas da manhã!"
Meu pai está mexendo no computador.
"Como ele aguenta?"
Pego o celular para ver se tem mensagem do meu *amore*.
Nada.
"Pior que vai dar para comprar pão mesmo..."
Me levanto e me estico todo.
"Acho que vou fazer um café. Ou vou embora?"
Dou uns passos em volta da sala, tentando decidir.
"Se eu ficar mais um pouco, termino todo o conteúdo do meu GPS de Vendas com o meu pai. E quem sabe assim descubro o que aconteceu com a empresa dele. Será?"
— Você não vai dormir, pai?
— Você não vai embora, Marcelo?
— Pai!
Ele me olha.
— Quê?
— Pare de me mandar embora.
Ele ri.
"Já sei, vou fazer um café!"
Ligo a cafeteira e o seu Carlinhos só olha de canto.
"Cheio de deboche..."

— Pai, vamos fazer assim, eu vou te falar meu último tópico, o Plano Tático de Alcance de Meta, e vou embora, o que você acha?

— Desde que não demore muito.

Dou risada.

"Ele não existe!"

Ele vira a cadeira para mim.

— Não venha ralhar comigo depois, se a sua mulher brigar com você.

— Não, senhor, tô ligado.

Suspiro.

— Sei.

— Pai, percebe que até agora eu fiquei o tempo todo explicando para você a estrutura simples que eu criei e ensino para meus clientes para baterem meta de vendas?

— Sim.

— Recapitulando, para ver se você lembra de tudo o que falei, ok?

— Diga lá, Marcelo.

— Nós fizemos um recálculo de toda a jornada, reposicionamos a proposta de valor percebida, construímos as metas espancáveis, destrinchamos o funil de vendas, cadenciamos o ritmo, o plano de prospecção permanente e modelamos as técnicas de aceleração comercial.

— Tudo isso?

— Pois, é, seu Carlinhos.

— E agora, já posso ir dormir?

Ele ri escancaradamente.

— Pai!

— Vai, fala, Marcelo.

— Agora nós vamos finalizar, construindo um Plano Tático de Alcance da Meta.

— Tá, e como é que é esse último passo? Depois você vai embora, né?

"Eu não acredito!"

— Presta atenção, pai.

— Diga lá.

Ele se mexe todo na cadeira e fica com o caderno e a caneta na mão.

— Este plano vai ter a duração de noventa dias, pai.

— Por que 90 dias? Eu quero dormir!

"Afe!"

— Por que, de acordo com os meus estudos e estatísticas aplicadas nos últimos anos, em mais de 500 empresas, ficou super evidente que a rotina do resultado do GPS das Vendas se firma em 90 dias após o primeiro dia de implantação, se seguir o GPS claro!

— Hum.

Meu pai anota alguma coisa no caderno.

— E por que tanto tempo?

— Precisa de crença, prática e repetição, pai. A rotina do resultado aparecerá logo em seguida.

— Tá.

— É o desdobramento de todas as ferramentas que eu mostrei e expliquei para você. Agora vem o PTAM.

— PTAM? Lá vem mais moda.

— Não é moda, pai, é estratégia, método.

Ele fica em silêncio e eu continuo.

— Sim, PTAM, Plano Tático de Alcance da Meta.

— E não tem papel?

"YES!"

— Mas é lógico que tem, pai!

O velho abre um sorriso largo, de orelha a orelha.

"Mas como pode alguém gostar tanto de papel?"

Eu abro a minha pasta e pego o plano do PTAM.

— Olha, pai!

Entrego na mão dele.

Ele leva o documento na altura dos olhos e fica admirando as linhas e até toca com o dedo no coraçãozinho.

"Ah, que amor, gostou do coraçãozinho."

Meu pai coloca o *planner* sobre a mesa.

— Como é que começo esse aqui?

"Viva! Meu pai vira um menino com um papel na mão."

— A primeira coisa que você vai preencher aí é o propósito! Bem no coraçãozinho ali que estava acariciando com o dedo.

Dou risada e ele nem reage, está hipnotizado pelo *planner*.

"Como pode?"

— Lembra do material no qual construímos sua meta espancável?

— Sim, tá aqui.

Ele faz menção de pegar em cima da mesa.

— Não precisa pegar, pai, só lembrar já está bom.

— Tá, e o que eu faço?

— Coloca a mesma coisa que você colocou lá, lembra?

Ele preenche e fala em voz alta.

— Tirar minha empresa do buraco!

Eu rio.

— Pai, não foi isso que você escreveu antes.

— Mas é a mesma coisa.

Ele termina e fica me olhando.

— E depois do propósito, Marcelo?

— Vai para o campo do desafio.

— Hum.

— Aí no papel estão os meus desafios e tudo isso já está no funil de vendas que falamos. Agora aqui, a gente vai colocar o planejamento para 30, 60 e 90 dias.

— Tá.

— A gente olha de trás para frente, a partir dos 90 dias, porque este é o objetivo final, certo?

— Certíssimo filhão!

Eu me inclino e pego a caneta na mão do meu pai.

— Deixe eu preencher para você os meus números, pai, só para servir como exemplo...

Eu preencho e ouço meu pai suspirar.

"Deve estar cansado!"

— Olha lá, pai.

Ele observa os números que eu preenchi como exemplo:

MARCELO BARATELLA

Desafios	30 dias		60 dias		90 dias	
	Planejado	Realizado	Planejado	Realizado	Planejado	Realizado
Faturamento Bruto R$	60 k		67 k		77 k	
Ticket médio R$	8 k		10 k		11 k	
Negócios convertidos	7,5		8,6		7,7	
Taxa conversão entrada %	9%		9%		10%	

— Tá. E em 90 dias é o que importa mais?

— Isso.

— Indo para trás, no faturamento, eu chego num valor bruto de 60 mil, certo pai?

— Sim.

— Com isso, eu tenho que fazer um *ticket* médio de 8 mil por cliente.

— Ok.

— 7,5 negócios convertidos e 9% de taxa de conversão de entrada.

— Tá. E depois?

— Bom, em 30 dias, eu vou colocar o que eu realizei, independentemente de eu ter conseguido o objetivo ou não, anoto ali o alcançado.

— Acho que vou colocar isso aqui na parede depois.

— Isso, pai, é a melhor coisa que você pode fazer.

— Mas com os meus dados, que eu vou preencher depois.

— Excelente, seu Carlinhos!

— E dá para ir atualizando diariamente também, né, Marcelo?

— Claro, pai.

— E depois disso?

— Aí vem o Plano da Ação Focada.

— Como é que é isso?

— As ações que você precisa fazer para alcançar o seu objetivo.

— Hum.

Ele fica olhando o papel uns instantes.

Prossigo.

— Olha essa parte aqui, pai, do Plano da Ação Focada.

Eu pego a caneta e preencho para ele.

— Lembra dos meus planos de ação lá atrás?

— Hum.

Ele fica vendo eu preencher os campos como exemplo.

Exemplo de um Plano de Ação Focada	
1. Plano de Prospecção Permanente	X Prospectar em Y canais de atração por dia
	Fazer um plano de X indicação por dia
	X contatos via LinkedIn por dia
2. Plano de Execução Consistente de Tarefas	Pré-plano de atividades 20' por dia
	X Follow-up diário das atividades em cada oportunidade aberta no funil
	X Follow-up propostas em aberto por dia
3. Controle Diário de Indicadores de Vendas	Alimentar CRM/dia
	Análise CRM dia/ semana/ mês
	Atividades Kaizen (melhoria contínua) a cada 15 dias

— Toda semana tem que fazer essas análises.

— Não pode ser todo dia, Marcelo?

— Melhor ainda, claro que pode, o importante é que você faça esse acompanhamento.

— Me manda esse arquivo aqui para eu imprimir.

— Eu vou te mandar todos os arquivos, seu Carlinhos.

— Acho bom.

Eu rio.

"Esse velho é uma figura."

— Mas e depois de 30 dias de fazer tudo isso?

— Você vai rever suas atividades.

— Hum.

— Você vai ver o que deve fazer mais, menos ou atualizar as atividades.

— Em time que está funcionando não se mexe, rapaz.

— Sim, se estiver funcionando, não precisa mudar nada.

Respiro fundo, satisfeito.

— Com isso, pai, não tem como não dar certo.

— Acho bom, vou aumentar as vendas!

— O melhor está por vir, pai!

Meu pai se levanta e estica os braços para cima. Depois põe a mão nas costas.

"Será que está com dor no corpo? Eu acho que estou."

Eu me levanto e, pela primeira vez, consigo ver o que meu pai estava anotando o tempo todo no caderno.

— O que é isso aqui, pai? Lista de supermercado?

Ele olha para mim, me vendo indignado.

— O que é que tem? Amanhã eu vou no mercado com a sua mãe.

"Eu não acredito!"

— Eu achei que você estivesse fazendo anotações de tudo que eu estava te explicando, pai.

Ele ri e bate palmas no ar.

— Você achou que eu estava escrevendo tudo o que você falou? Você não para de falar. Não ia ter espaço no caderno.

Ele dá várias gargalhadas altas.

— Pai..., eu queria ajudar você a reerguer a sua empresa.

Ele me olha sério.

— E você acha que eu já não sabia isso tudo?

— Como assim, pai?

— Só estava vendo se você sabia.

— Como é que é?

— Tô brincando, filho. Mas falando sério, o problema com a minha empresa é que me passaram a perna.

Eu fico estático, sem ar.

— Como assim, seu Carlinhos?

— Meio que roubaram, por assim dizer, não foi nada de errado que eu tenha feito.

"Não acredito!"

— Eu sinto muito, pai, não podia imaginar.

— Não sinta, faz parte da vida.

"Uau."

— Mas tudo isso que você me explicou hoje vai me ajudar a vender mais, gostei!

— Gostou mesmo, pai?

— Claro, vou imprimir esse PTAM aí amanhã mesmo, mas agora eu preciso dormir.

Eu olho para trás.

— E essa bagunça, pai?

Ele me encara.

— Bagunça é o que você deixou na cozinha.

— Ah, pai, eu não acho que a minha mãe vai ficar tão brava assim, eu quase nem venho aqui.

Ele levanta as sobrancelhas e dá um risinho de canto, sem responder.

— Vamos embora?

— Pai, você não tem vergonha de mandar seu filho embora?

— Não.

"Eu não acredito!"

Seguimos para a sala.

Cena 12

Atravesso a sala rumo à porta, onde quebrei a minha chave.

Eu olho no relógio do celular e vejo que são quase 6h da manhã.

"Jesus amado."

Sinto meu corpo muito cansado.

"Como é que não percebi antes? Acho que estava empolgado na conversa com o velho. Afinal, é o meu pai. Não fosse por ele, eu não teria chegado aonde cheguei. Seria uma honra ajudá-lo. Figura, no fim, foi ele quem me ajudou. Com sua companhia!"

Viro meu corpo para abraçá-lo, está logo atrás de mim.

— Obrigado, pai!

— Pelo quê?

— Pela companhia.

Bato em seu ombro e reforço.

— Amanhã te mando os arquivos, imprime o PTAM e põe na parede, é muito bom.

— Vou fazer isso, depois do supermercado.

— Tem miojo na lista, pai?

— Lógico.

Dou uma gargalhada.

— Tchau, pai.

— Eu vou com você até o carro, filho.

Saímos e meu pai fecha a porta.

Cena 13

Seguimos em silêncio alguns segundos.

"O cansaço e o macarrão pesaram."

Chegamos ao meu carro e percebemos o sol nascer.

"Que lindo!"

Olhamos um para o outro e os suspiros saem ao mesmo tempo.

— Ah.

— Ah...

Meu corpo está moído, mas gostei de passar essa madrugada inusitada com o velho.
"Quem diria? Ele foi passado para trás?"
De repente, me lembro.
— Pai!
— O que foi, Marcelo?
— A PASTA!
— Marcelo, Marcelo, como você pôde esquecer a pasta?
— Eu vou precisar dela agora cedo.
— Vamos voltar então.
"Ai, meu Deus!"
Voltamos para a casa dele.

Cena 14

Chegamos à porta da casa e ela está fechada.
— Eu não peguei a chave, Marcelo.
— Como não, pai?
— Eu esqueci.
Ponho a mão nos bolsos, de forma automática.
— A minha chave quebrou, pai...
"Ai, meu Deus do céu, eu não acredito."
— E agora?
— Vamos ter que acordar a minha mãe.
— Porcaria...
"Mas que dia..."
— Não vai ter jeito – penso em voz alta.
Damos a volta por trás da casa, até a janela do quarto deles.
Eu bato.
— Mãe!
Nada.
Bato mais uma vez.
— Mãe!
Silêncio.

Eu preciso tentar outra vez.

— Mãe!

Ouço ela se remexer na cama e responder ao mesmo tempo.

— O que é? Quem está aí?

— Sou eu, mãe, o Marcelo e o pai.

Fico esperando.

Ouço o som dela se levantando e caminhando até a janela.

Ela abre a janela.

— O que vocês estão fazendo aí?

— Eu esqueci a pasta, mãe!

— Que pasta, Marcelo?

— E meu pai esqueceu a chave.

— Mas são dois desligados mesmo – ela diz.

— Eu não sou desligado – respondo ao mesmo tempo que o meu pai.

— Eu não sou desligado, o Marcelo é que é.

— Vocês são iguaizinhos! – minha mãe finaliza.

Eu e meu pai olhamos um para o outro.

— Eu não acredito! Eu falo que você é desligado.

— Eu não sou desligado, pai.

— Não, imagine se fosse.

— Você é que é, minha mãe acabou de falar.

— Pai...

— E fala pelos cotovelos.

— Vocês dois querem parar de brigar na minha janela, por favor?

— Vai abrir a porta, mãe?

— Vou!

Eu e meu pai damos a volta.

"Cansado demais para meus Argumentários!"

Cena 15

Minha mãe abre a porta e já está com a pasta na mão.

— Tá aqui, filho.

— Obrigado, mãe.

Ela segue para a cozinha e eu abraço meu pai, me despedindo outra vez, nem sei por quê.

"O cansaço não me permite raciocinar mais."

Da cozinha, eu escuto minha mãe falando alto.

— Quem foi que deixou essa louça aqui?

— Tchau, pai!

Pego a pasta e saio mais rápido que posso.

"Eu não acredito!"

Cena 16

Meia hora depois, eu finalmente estou em casa, com a minha pasta.

"Preciso dormir, pelo amor de Deus!"

Entro no quarto bem devagarinho e em silêncio.

Minha mulher ainda está dormindo.

"Ufa, melhor assim, daí ela não vê a hora que eu cheguei."

Tiro a roupa e o sapato lentamente, tomando cuidado para não acordar o amor da minha vida.

"E não é que eu consigo?"

Me deito na cama e respiro fundo. Sorrio de olhos fechados.

"O merecido descanso!"

De repente, eu ouço.

— Trouxe o pão?

— Quê?

Minha mulher se vira na cama na minha direção.

— Cadê o pão, você trouxe?

— Eu esqueci, *amore*.

— Marcelo, como você esqueceu a única coisa que eu te pedi?

— Eu estava cansado, amor, passei a noite com meu pai falando sobre o GPS de vendas.

— Mas é desligado, hein, amor?

— Eu não sou desligado.

— E fala pelos cotovelos, né? Passou a noite tagarelando com o seu Carlinhos?

"Eu não acredito!"

— Eu não falo pelos cotovelos, *amore*.

— Sei.

Ela ri.

— Preciso descansar um pouco, tudo bem?

— Tá, eu vou levantar para comprar pão.

Ela me dá um beijo no rosto e sai do quarto.

"Agora eu durmo!"

Sinto o conforto da minha cama e o silêncio maravilhoso da minha casa.

Resolvo virar de lado.

Suspiro.

Continuo sorrindo e não consigo deixar de pensar no meu pai, por tudo que ele fez por mim e pela minha mãe, pelas minhas irmãs, pelos seus funcionários e, claro, pelos mais de 20 cachorros que ele teve na vida.

"Um guerreiro, um exemplo de vida, meu herói, meu vendedor!"

Viro para o outro lado e fico pensando na minha mãe lavando a louça.

"Eu devia ter lavado a louça."

Viro de bruços.

"Assim eu durmo!"

Agora fico pensando nos documentos que estão na pasta e tenho que levar para o escritório.

"Ai, meu Deus! Por que eu não consigo dormir?"

Viro de barriga para cima e estalo os olhos.

— O café... pqp...

CHECK POINT Nº 8
PLANO TÁTICO DE ALCANCE DA META

Convido-o para preencher o último *checklist* e acompanhá-lo para o resto da sua vida.

1- Preencha com o nome do projeto, a data e o seu propósito com ele.

Nome do projeto: _____

Data: _____

Propósito: _____

2- Comece preenchendo os desafios estabelecidos para os seus 30 dias. Depois, para os 60 dias e 90 dias.

DESAFIO 30 DIAS:

Faturamento Bruto R$ _____

Ticket Médio R$ _____

Núm. Negócios Convertidos: _____

Taxa de conversão de entrada de funil %: _____

DESAFIO 60 DIAS:

Faturamento Bruto R$ _____

Ticket Médio R$ _____

Núm. Negócios Convertidos: _____

Taxa de conversão de entrada de funil %: _____

DESAFIO 90 DIAS:

Faturamento Bruto R$ _____

Ticket Médio R$ _____

Núm. Negócios Convertidos: _____

Taxa de conversão de entrada de funil %: _____

3- No campo Plano da Ação Focada, coloque as atividades estabelecidas por você anteriormente no material da construção da Meta Espancável.

ROTA 1 (caminho): _____

Ritmo 1 (atividade): _____

Ritmo 2 (atividade): _____

Ritmo 3 (atividade): _____

ROTA 2 (caminho): _____

Ritmo 1 (atividade): _____

Ritmo 2 (atividade): _____

Ritmo 3 (atividade): _____

ROTA 3 (caminho): _____

Ritmo 1 (atividade): _____

Ritmo 2 (atividade): _____

Ritmo 3 (atividade): _____

4- A cada 30 dias, recalcule as rotas e os ritmos de execução das suas atividades e os acompanhe diariamente através de um CRM de mercado.

E nunca se esqueça de uma coisa:

**O MELHOR DA SUA VIDA E DAS SUAS VENDAS
AINDA ESTÁ POR VIR!
NUNCA DEIXE DE SEGUIR O GPS DAS VENDAS
E BORA BATER METAS!**

CONCLUSÃO

"Nas empresas de sucesso,
só existem dois tipos de pessoas:
as que vendem e as que ajudam a vender."

PERCIVAL OLIVEIRA E THIAGO PIRINELLI

CONCLUSÃO

Este livro surgiu da minha vontade de ensinar ao maior número possível de pessoas meu método de aceleração de vendas, ou como o chamo aqui: o GPS das Vendas, o qual se tornou o nome da minha empresa.

Felizmente, minha trajetória profissional tem sido bem-sucedida na área de vendas. Comecei lá atrás, como estagiário de vendas, vendedor de área, gerente de vendas. Inclusive tive a oportunidade de trabalhar alguns anos como vendedor internacional nos Estados Unidos, onde me aprimorei ainda mais e estudei os processos de vendas no país que é, na minha opinião, a maior escola de *marketing* e vendas do mundo. Fui passando em várias empresas dos setores do agronegócio, imobiliário, indústrias B2B, SaaS, consultoria. Ainda muito jovem, me tornei diretor comercial. Mas ainda desejava fazer mais do que fazia, por isso me tornei empreendedor, usando da experiência adquirida em toda a minha carreira profissional.

O diálogo leve e divertido com meu pai, que você acaba de ler, é fictício, embora eu tenha vivido momentos maravilhosos com ele muitas vezes. A parte que continua trabalhando é verdadeira, bem como a sua força de vontade em superar as dificuldades na casa dos seus setenta anos de idade.

Meu pai sempre foi uma fonte de inspiração para mim desde sempre, por isso ele foi, com muito orgulho, o meu coadjuvante nesta jornada, assim como minha esposa e meus filhos, que estavam dormindo no decorrer dessa fatídica madrugada.

Gostaria de deixar uma mensagem importante, pois acredito piamente que meu método pode ajudar a mudar seu CPF e seu CNPJ para algo muito maior, como tem mudado para mim há muito tempo e de inúmeros clientes. Lembre-se de que, por mais sucesso que você tenha, nada é mais importante do que a família, o amor que carregamos pelos nossos, assim como nossos valores éticos e morais.

Prosperidade faz parte dos sonhos de todo ser humano, mas ela vem em primeiro lugar com o bem-estar e o amor entre os que mais importam para nós, assim como a saúde física e emocional. Jamais se perca de si mesmo!

Desejo que seja feliz, próspero em sua caminhada e que possa dividir essa experiência com tantos que ainda necessitam dela.

Estou aqui para ajudar, não só pelo livro, mas pelas redes sociais, cursos e palestras que tenho disponibilizado para milhares de pessoas por todo o Brasil e no mundo.

Tenha uma vida feliz e plena!

Boas vendas e BORA BATER META!

MATERIAL EXTRA

Parabéns!

Que bom que você chegou até o final deste livro. Espero que você tenha gostado muito desta obra e que ela seja um guia; um GPS na sua vida e nas suas vendas.

Aconselho agora a fazer uma revisão de como você tem se saído como vendedor. Para isso, quero entregar a você um presente. Acesse agora o QR Code abaixo e baixe o PDF do vendedômetro + aula.

O vendedômetro vai ajudar a medir sua temperatura atual e descobrir quais os itens que hoje são críticos para suas vendas e que devem ser trabalhados imediatamente para sua melhoria contínua.

Quer se manter atualizado com as principais técnicas e dicas de vendas e prospecção? Acompanhe-me nas redes sociais e bora bater meta!

REFERÊNCIAS

BLAUNT, Jeb. **Objeções: como se tornar um mestre na arte e na ciência de superar um não.** 1. ed. Rio de Janeiro: Alta Books, 2019.

BLAUNT, Jeb. **Prospecção fanática: o guia definitivo de conversas para iniciar vendas e encher o funil aproveitando ao máximo redes sociais, telefones, e-mail.** 1. ed. Rio de Janeiro: Alta Books, 2019.

FALCONI, Vicente. **Gerenciamento da rotina: do trabalho no dia a dia.** 9. ed. Belo Horizonte: INDG, 2013.

GIRARD, Joe; BROWN, Stanley H. **Como vender qualquer coisa a qualquer um.** Rio de Janeiro: Best Seller, 2007.

HACKHAM, Neil. **Alcançando a excelência em vendas: spin selling construindo relacionamentos de alto valor para seus clientes.** 1. ed. São Paulo: M.Books, 2008.

LIVESAY, John. **Better selling through storytelling: the essencial roadmap to becoming.** Nova Iorque: Morgan James Publishing, 2019.

MCCHESNEY, Chris; COVVEY, Sean; MORAES, Bill. **As 4 disciplinas da execução: garanta o foco nas metas crucialmente importantes.** 1.ed. Rio de Janeiro: Alta Books.

OLIVEIRA, Percival; PIRINELLI, Thiago. **Funil de vendas: o jeito simples de vender**, 2021.

OSTERWALDER, Alexander; PIGNEUR, Yves. **Business model generation: inovação em modelos de negócios.** 1. ed. Rio de Janeiro: Alta Books, 2011.

PINK, Daniel. **Vender é humano.** 1. ed. São Paulo: Editora Sextante, 2019.

ROBERGE, Mark. **The Sales Acceleration Formula.** 1. ed. EUA: Wiley, 2015.

ROSS, Aaron; TYLER, Marylou. **Receita previsível: como implementar a metodologia revolucionária de vendas outbound que pode triplicar as vendas de sua empresa.** 2. ed. Belo Horizonte: Autêntica Bussiness, 2020.

SILVEIRA, Paulo. **Venda sustentável: a lógica da negociação.** Santa Catarina: Gravo, 2017.

TYLER, Marylou. **Predictable Prospecting.** 1. ed. EUA: McGraw-Hill Education, 2016.

Músicas citadas:

Fácil - Jota Quest

Yesterday - The Beatles

CONTATOS PARA PALESTRAS, WORKSHOPS E MENTORIAS COM O BARATELLA

Canal YouTube: https://www.youtube.com/MarceloBaratella
Instagram: https://www.instagram.com/marcelo_baratella/
LinkedIn: https://www.linkedin.com/in/marcelobaratella/
Facebook: https://www.Facebook.com/MarceloBaratellaOficial
E-mail: contato@marcelobaratella.com.br
twitter: @baratellaof